Böhme/Fleck/Kroiß
Formularsammlung für Rechtspflege
und Verwaltung

Formularsammlung für Rechtspflege und Verwaltung

Von

Dr. Werner Böhme
Leitender Ministerialrat a. D.

Dr. Dieter Fleck
Ministerialrat a. D.

Dr. Ludwig Kroiß
Vorsitzender Richter am Landgericht
Nebenamtlicher Arbeitsgemeinschaftsleiter für Rechtsreferendare
Lehrbeauftragter an der Universität Passau

17., überarbeitete Auflage

Verlag C. H. Beck München 2006

Verlag C. H. Beck in Internet:
beck.de

ISBN 3 406 54462 2

© 2006 Verlag C. H. Beck oHG
Wilhelmstraße 9, 80801 München
Gesamtherstellung: Druckerei C. H. Beck, Nördlingen
(Adresse wie Verlag)

Gedruckt auf säurefreiem, alterungsbeständigem Papier
(hergestellt aus chlorfrei gebleichtem Zellstoff)

Vorwort zur 17. Auflage

Die Neuauflage berücksichtigt Gesetzesänderungen bis zum 1. September 2005. Vor allem das Kostenrechtsmodernisierungsgesetz vom 5. 5. 2004 (BGBl I 718) mit dem neuen Rechtsanwaltsvergütungsgesetz (BGBl 2005 I 788), das 1. Justizmodernisierungsgesetz vom 24. 8. 2004 (BGBl I 2198), das Anhörungsrügengesetz vom 9. 12. 2004 (BGBl I 3220) und das Justizkommunikationsgesetz v. 22. 3. 2005 (BGBl I 837) machten Änderungen erforderlich. Der erweiterte Buchtitel trägt dem Inhalt dieser Sammlung, die sich nicht nur auf Rechtsprechung und Verwaltung im engeren Sinne, sondern auf alle für das Assessorexamen und den Einstieg in die Berufspraxis wichtigen Aufgabenfelder erstreckt, besser Rechnung.

Unserem Kollegen Dr. Walter Bayerlein, der sich nach langjähriger aktiver Mitarbeit aus dem Kreis der Autoren zurückgezogen hat, danken wir für gute Zusammenarbeit und seinen freundschaftlichen Rat, der auch der vorliegenden Neubearbeitung zugute gekommen ist. Seine große Erfahrung als Richter und hauptamtlicher Arbeitsgemeinschaftsleiter für Rechtsreferendare hat wesentlich zum Erfolg dieser Sammlung beigetragen

Aus dem Kreis der Benutzer konnten wiederum zahlreiche Empfehlungen aufgegriffen werden. Autoren und Verlag sind auch weiterhin für kritische Anregungen dankbar, auch wenn Umfang und Zielsetzung dieser knappen Formularsammlung es leider nicht immer zulassen, jeden Vorschlag zu berücksichtigen.

München, Köln und Traunstein, im September 2005

Werner Böhme   *Dieter Fleck*   *Ludwig Kroiß*

Aus dem Vorwort zur 1. Auflage

Diese Mustersammlung soll dazu beitragen, eine Lücke in den Ausbildungshilfen für junge Juristen zu schließen. Sie beschreibt den äußeren Aufbau derjenigen Anträge und Entscheidungen, die für Prüfung und Praxis am wichtigsten sind und häufig vorkommen.

Die Verfasser haben die teilweise voneinander abweichende Übung in den verschiedenen Bundesländern geprüft und sich mit den folgenden Mustern an bewährte und überall verwendbare Vorbilder gehalten. Sie

Vorwort

möchten jedoch betonen, dass es sich hierbei nicht um stets verbindliche Formulare handelt, die in allen Fällen unverändert angewendet werden müssten oder könnten. Das oberste Gebot ist stets die Klarheit und nicht das Formular. Bewußt wurde daher auch jedes Muster an Hand eines besonderen Falles ausgefüllt. Die Anmerkungen weisen auf wichtige Abwandlungen in anders gelagerten Fällen hin.

München und Kiel, im August 1967

Werner Böhme *Dieter Fleck*

Inhaltsverzeichnis

Muster für Anträge und Entscheidungen

A. Zivilrecht

Erster Abschnitt. Streitige Gerichtsbarkeit

I. Ordentliche Gerichtsbarkeit

a) Einzelne gerichtliche Beschlüsse

Nr. 1. Antrag auf Erlass einer einstweiligen Verfügung	1
Nr. 2. Einstweilige Verfügung	3
Nr. 3. Antrag auf Erlass eines dinglichen Arrests	5
Nr. 4. Anordnung eines dinglichen Arrests	7
Nr. 5. Beschluss im Prozesskostenhilfe-Verfahren	9
Nr. 6. Antrag auf Erlass eines Pfändungs- und Überweisungsbeschlusses	11

b) Verfahren erster Instanz

Nr. 7. Klageschrift	13
Nr. 8. Klageerwiderung	15
Nr. 9. Streitverkündungsschrift	17
Nr. 10. Antragsschrift im Ehescheidungsverfahren	19
Nr. 11. Beweisbeschluss	23
Nr. 12. Urteil erster Instanz	25
Nr. 13. Rügeschrift nach § 321a ZPO	33
Nr. 14. Prozessvergleich	35

c) Rechtsmittelverfahren

Nr. 15. Berufungsschrift	39
Nr. 16. Berufungsbegründung	40
Nr. 17. Berufungsurteil	42
Nr. 18. Nichtzulassungsbeschwerde	46
Nr. 19. Revisionsschrift mit Begründung	49

II. Arbeitsgerichtsbarkeit

Nr. 20. Arbeitsgerichtsurteil	51

Zweiter Abschnitt. Freiwillige Gerichtsbarkeit

a) Erstentscheidung

Nr. 21. Beschluss des Vormundschaftsgerichts	53
Nr. 22. Erbschein	56
Nr. 23. Ablehnungsbescheid im Erbscheinsverfahren	58
Nr. 24. Vorbescheid im Erbscheinsverfahren	59
Nr. 25. Zwischenverfügung	60

b) Beschwerdeentscheidungen

Nr. 26. Allgemeine Beschwerdeentscheidung der freiwilligen Gerichtsbarkeit	61
Nr. 27. Beschwerdeentscheidung in Erbscheinsachen	63

Inhalt

B. Strafrecht

a) Vorverfahren

Nr. 28. Durchsuchungs- und Beschlagnahmebeschluss	65
Nr. 29. Haftbefehlsantrag	67
Nr. 30. Haftbefehl	69
Nr. 31. Außervollzugsetzung eines Haftbefehls	70
Nr. 32. Einstellungsverfügung	72
Nr. 33. Teileinstellung	75
Nr. 34. Klageerzwingungsschrift	77
Nr. 35. Strafbefehl	79
Nr. 36. Anklageschrift	81

b) Zwischenverfahren

Nr. 37. Eröffnungsbeschluss	85

c) Hauptverfahren

Nr. 38. Plädoyer des Staatsanwalts	87
Nr. 39. Strafurteil erster Instanz	89

d) Rechtsmittelverfahren

Nr. 40. Berufungs-(Revisions-)einlegung	93
Nr. 41. Berufungsurteil	94
Nr. 42. Revisionsbegründung	96

e) Wiederaufnahme

Nr. 43. Wiederaufnahmeantrag	99
Nr. 44. Wiederaufnahme des Verfahrens	100

C. Verwaltungsrecht

I. Erstentscheidungen der Verwaltungsbehörden

Nr. 45. Bescheid einer Kreisverwaltungsbehörde	103
Nr. 46. Aussetzung der Vollziehung	106
Nr. 47. Bußgeldbescheid	108

II. Verwaltungsrechtliches Vorverfahren

Nr. 48. Widerspruchsbescheid	111

III. Entscheidungen des Verwaltungsgerichts

a) Einzelne gerichtliche Beschlüsse

Nr. 49. Einstellungsbeschluss des Verwaltungsgerichts	114
Nr. 50. Wiederherstellung der aufschiebenden Wirkung durch das Verwaltungsgericht	116
Nr. 51. Einstweilige Anordnung des Verwaltungsgerichts	119
Nr. 52. Beschluss über Prozesskostenhilfe im verwaltungsgerichtlichen Verfahren	122

Inhalt

b) Vereinfachte Entscheidung
Nr. 53. Gerichtsbescheid 124

c) Urteil
Nr. 54. Verwaltungsgerichtsurteil 128

IV. Entscheidungen des Oberverwaltungsgerichts

a) Einzelne gerichtliche Beschlüsse
Nr. 55. Zulassung der Berufung 134
Nr. 56. Einstweilige Anordnung des Oberverwaltungsgerichts 136
Nr. 57. Beschluss über das Ruhen des Verfahrens 138

b) Beschwerdeentscheidung
Nr. 58. Beschwerdeentscheidung des Oberverwaltungsgerichts 139

c) Berufungsurteil
Nr. 59. Berufungsurteil im Verwaltungsgerichtsprozess 141

D. Steuerrecht

Nr. 60. Einspruchsentscheidung des Finanzamts 147
Nr. 61. Finanzgerichtsurteil 150

Sachverzeichnis 155

A. ZIVILRECHT

Erster Abschnitt. Streitige Gerichtsbarkeit

I. Ordentliche Gerichtsbarkeit

a) Einzelne gerichtliche Beschlüsse

Nr. 1. Antrag auf Erlass einer einstweiligen Verfügung

Dr. Heinrich Roth 60313 Frankfurt/Main, 27. 1. 2005
Rechtsanwalt Alte Gasse 16

An das
Amtsgericht Frankfurt/Main
– Zivilgericht –

Antrag auf Erlass einer einstweiligen Verfügung

der Frau Martha Kunter, Darmstädter Landstr. 17, 60594 Frankfurt/Main,
– Antragstellerin –

gegen Fritz Berger, Kaiserstr. 3, 60311 Frankfurt/Main,
– Antragsgegner –

Namens und im Auftrag der Antragstellerin – Vollmacht liegt bei – beantrage ich, wegen Dringlichkeit ohne mündliche Verhandlung im Wege einstweiliger Verfügung anzuordnen:

I. Dem Antragsgegner wird bei Meidung eines Ordnungsgeldes[1] bis zu 250.000,– € und einer Ordnungshaft bis zu 6 Monaten im Falle der Uneinbringlichkeit des Ordnungsgeldes untersagt, zu behaupten, die Antragstellerin sei eine notorische Ladendiebin.

II. Der Antragsgegner hat die Kosten des Verfahrens zu tragen.

Streitwert[2]: 4800,– €

Begründung:

Sachdarstellung zu Anspruch und Verfügungsgrund mit jeweiliger Glaubhaftmachung der Tatsachen (§ 294 ZPO i. V. m. §§ 936, 920 Abs. 2 ZPO).
Anlage: Vollmacht

Roth
(Dr. Roth)
Rechtsanwalt

Nr. 1

Anmerkungen

1. Vgl. § 890 ZPO. Der Rahmen ist 5–250.000 €. Die volle Summe muss nicht ausgeschöpft werden. Die Strafandrohung muss zwar nicht mit dem Antrag auf Erlass einer einstweiligen Verfügung auf Unterlassung ehrenrühriger Behauptungen verbunden werden (vgl. § 890 Abs. 2 ZPO); die Verbindung ist aber zweckmäßig, weil die Androhung, soll vollstreckt werden, bereits vor der Zuwiderhandlung ausgesprochen sein muss.
2. Vgl. § 48 Abs. 2 GKG. Das angedrohte Ordnungsgeld ist kein Indiz für den Streitwert.

Nr. 2

Nr. 2. Einstweilige Verfügung

Landgericht Darmstadt
Az: 2 O 17/05

Beschluss[1]
der 2. Zivilkammer – Einzelrichter – des Landgerichts Darmstadt vom 11. April 2005
in dem Verfahren

Fa. Krause KG.,
gesetzlich vertreten durch ihren persönlich haftenden Gesellschafter Dr. Friedrich Meier, Noackstr. 3, 64285 Darmstadt,
– Antragstellerin –

Verfahrensbevollmächtigter: Rechtsanwalt Fritz Müller, Marktplatz 3, 64283 Darmstadt,

gegen

Wilhelm Hochbauer, Malermeister, Lortzingstr. 11, 64291 Darmstadt,
– Antragsgegner –

wird im Wege einstweiliger Verfügung – wegen Dringlichkeit ohne mündliche Verhandlung – angeordnet:

I. Im Grundbuch des Amtsgerichts Darmstadt für Darmstadt, Band 13, Blatt 5002, Abt. III, ist zur Nr. 5 folgendes Veräußerungsverbot zugunsten der Antragstellerin einzutragen: ‚Dem Eigentümer wird verboten, über diese Hypothek zu verfügen.'
II. Der Antragsgegner trägt die Kosten des Verfahrens.
III. Der Streitwert des Verfügungsverfahrens wird auf 40.000,– € festgesetzt.[2]

Gründe:

1. Sachdarstellung
2. Rechtliche Würdigung mit Angabe der Dringlichkeit,
   z. B.: Der Antragsteller hat durch Vorlage einer eidesstattlichen Versicherung glaubhaft gemacht, dass ...
   Die Dringlichkeit ergibt sich aus folgenden Umständen: ...
3. Kostenentscheidung
4. Streitwertfestsetzung.

    Bertsch
    (Bertsch)
    Richter
  am Landgericht

Nr. 2

Anmerkungen

1. Wird über den Antrag mündlich verhandelt, entscheidet das Gericht durch Urteil (§§ 936, 922 ZPO). Zur Zuständigkeit vgl. § 937 und § 942 ZPO. Bei Zuständigkeit eines Kollegialgerichts kann in dringenden Fällen der Vorsitzende anstatt des Gerichts entscheiden, sofern nicht eine mündliche Verhandlung erforderlich ist (§ 944 ZPO).

2. Vgl. § 53 Abs. 1 Nr. 1 GKG, § 3 ZPO. Die Streitwertfestsetzung im Beschluss folgt aus § 63 Abs. 2 Satz 1 GKG. Maßgebend ist das Sicherungsinteresse des Antragstellers. Ein Ausspruch über die Vollstreckbarkeit entfällt, weil der Beschluss kraft Gesetzes vollstreckbar ist (§§ 936, 929 ZPO).

Nr. 3

Nr. 3. Antrag auf Erlass eines dinglichen Arrests

Dr. Barbara Geiger-Mahlik 80469 München, 25. 1. 2005
Rechtsanwältin Kapuzinerstr. 33

An das
Landgericht München I
– Zivilkammer –[1]

Arrestgesuch

des Wilhelm Bergmeister, Briennerstr. 35, 80333 München,
– Antragsteller –

Verfahrensbevollmächtigte: Rechtsanwältin Dr. Barbara Geiger-Mahlik, München,

gegen

Josef Schrallberger, Sonnenstr. 24, 80331 München,
– Antragsgegner –

Namens und im Auftrag des Antragstellers – Vollmacht ist beigefügt –

beantrage

ich, – ohne mündliche Verhandlung –[2]
wegen einer Kaufpreisforderung des Antragstellers von 28.345,– € (i. W. achtundzwanzigtausenddreihundertfünfundvierzig €) und einer Kostenpauschale[3] von 4700,– € den dinglichen Arrest[4] in das bewegliche und unbewegliche Vermögen[5] des Antragsgegners anzuordnen.[6]

Begründung:

Sachdarstellung des Arrestanspruchs (§ 916 ZPO) und des Arrestgrundes (§ 917 ZPO) jeweils mit Glaubhaftmachung (§ 920 Abs. 2, § 294 ZPO) der entsprechenden Tatsachen.

  Geiger-Mahlik
(Dr. Geiger-Mahlik)
  Rechtsanwältin

Nr. 3

Anmerkungen

1. Zur Zuständigkeit: § 919 ZPO.
2. Vgl. § 922 ZPO.
3. Die Kostenpauschale umfasst die geschätzten Kosten des Hauptsacheprozesses und des Arrestverfahrens. Sie wird in der Praxis regelmäßig in den Arrestantrag einbezogen und von den Gerichten anerkannt, obwohl, sofern ein Hauptsacheprozess noch nicht anhängig ist, der Kostenerstattungsanspruch wohl noch keine bedingte Forderung im Sinne von § 916 Abs. 2 ZPO sein dürfte.
4. Zum Arrestgrund bei persönlichem Arrest vgl. § 918 ZPO.
5. Eine Aufzählung der Gegenstände, in die sicherungshalber vollstreckt werden soll, gehört nicht hierher. Die Arrestvollziehung (z. B. Forderungspfändung) ist in §§ 928 ff. ZPO eigens geregelt.
6. Ein Antrag, dass der Antragsgegner die Kosten des Arrestverfahrens zu tragen hat, ist entbehrlich, weil das Gericht darüber auch im Arrestverfahren von Amts wegen zu entscheiden hat.

Nr. 4. Anordnung eines dinglichen Arrests

Landgericht München I
Az: 23 O 1046/05

Beschluss[1,2]

der 23. Zivilkammer – Einzelrichter – des Landgerichts München I vom 20. 1. 2005

in dem Verfahren

Wilhelm Bergmeister, Briennerstr. 35, 80333 München,
– Antragsteller –
Verfahrensbevollmächtigte: Rechtsanwältin Dr. Barbara Geiger-Mahlik, Kapuzinerstr. 33, 80469 München,

gegen

Josef Schrallberger, Sonnenstr. 24, 80331 München,
– Antragsgegner –

1. Zur Sicherung der Zwangsvollstreckung wegen einer Kaufpreisforderung[3] des Antragstellers auf Zahlung von 28.345,– € und eines Kostenpauschalbetrages[4] von 4700,– € wird der dingliche Arrest[5] in das bewegliche und unbewegliche Vermögen des Antragsgegners angeordnet.
2. Der Antragsgegner hat die Kosten des Arrestverfahrens zu tragen.
3. Evtl. Die Vollziehung des Arrests wird davon abhängig gemacht, dass der Antragsteller Sicherheit in Höhe von 34.100,– € leistet.[6]
4. Wenn der Antragsgegner 33.045,– € hinterlegt, wird die Vollziehung des Arrests gehemmt und der Antragsgegner zum Antrag auf Aufhebung des vollzogenen Arrests berechtigt.[7]

Wenzel
(Dr. Wenzel)
Richter[8]
am Landgericht

Anmerkungen

1. Über das Arrestgesuch kann ohne mündliche Verhandlung durch Beschluss oder nach mündlicher Verhandlung durch Urteil entschieden werden (§ 922 Abs. 1 ZPO).
2. Der Beschluss bedarf keiner Begründung, wenn er nicht im Ausland vollzogen werden soll (vgl. § 922 Abs. 1 Satz 2 ZPO).
3. Die Anordnung muss die Forderung nach Grund und Höhe bestimmen.

Nr. 4

4. Wegen der Kostenpauschale vgl. oben Nr. 3 Anm. 3.

5. Die Art des Arrests muss bestimmt werden. Bei persönlichem Arrest würde Ziffer 1. lauten: „... wird der **persönliche Sicherheitsarrest** gegen den Antragsgegner angeordnet." Ziffer 2. würde lauten: „In Vollziehung von Ziffer 1 wird Haft gegen den Antragsgegner verhängt". Gemäß § 933 ZPO kommen wegen des Grundsatzes der Verhältnismäßigkeit auch andere Freiheitsbeschränkungen in Betracht, wie Meldepflicht, Reiseverbot, Wegnahme der Ausweispapiere, Hausarrest. Ziffer 3. müsste lauten: „Die Vollziehung des Arrests wird durch Hinterlegung eines Betrages von ...... gehemmt und der Antragsgegner zu dem Antrag auf Aufhebung des persönlichen Arrests berechtigt."

6. Vgl. § 921 Satz 1 ZPO. Das Gericht könnte auch die Anordnung des Arrests von vorheriger Sicherheitsleistung des Antragstellers abhängig machen (vgl. § 921 Satz 2 ZPO) oder den Arrest und die Vollziehung nicht von einer Sicherheitsleistung abhängig machen. Die Festlegung einer Sicherheit richtet sich nach § 108 ZPO. Sie umfasst regelmäßig die zu sichernde Forderung und die „Kostenpauschale" bezüglich eines Hauptsacheprozesses sowie die geschätzten Kosten des Arrestverfahrens, dessen Streitwert von der Rechtsprechung gemäß § 53 GKG, § 3 ZPO regelmäßig mit ca. $1/3$ des zu sichernden Geldbetrags angenommen wird. Die „Kostenpauschale" bleibt beim Streitwert des Arrestverfahrens wegen § 4 Abs. 1 ZPO außer Betracht.

7. Vgl. § 923 ZPO, sog. „Lösungssumme". Die Höhe entspricht der zu sichernden Forderung mit Nebenforderungen, hier also der zu sichernden Kaufpreisforderung zuzüglich der „Kostenpauschale", aber ohne Einbeziehung der Kosten des Arrestverfahrens, da diese endgültig zu erstatten sind.

8. In besonders dringlichen Fällen kann der Vorsitzende in Kammersachen (vgl. § 348 Abs. 1 Satz 2 ZPO) oder in Handelssachen (§ 105 GVG) auch allein entscheiden, § 944 ZPO.

Nr. 5. Beschluss im Prozesskostenhilfe-Verfahren

Landgericht Passau
Az: 2 O 31/05

Beschluss

In Sachen

Martha Richter, geb. Schramm, Hausfrau, Berggasse 7, 94032 Passau,
– Antragstellerin –

Prozessbevollmächtigter: Rechtsanwalt Heinz Martin, Marktgasse 3, 94032 Passau,

gegen

Hans Müller, Maurer, Berggasse 23, 94032 Passau,
– Antragsgegner –

Prozessbevollmächtigter: Rechtsanwalt Dr. Kurt Scharf, Hochstr. 2, 94032 Passau.

wegen Forderung aus einem Bauvertrag;
hier: Bewilligung der Prozesskostenhilfe
hat das Landgericht Passau, 2. Zivilkammer, am 18. 1. 2005 durch Vorsitzenden Richter am Landgericht Dr. Rauh, Richter am Landgericht Weiß und Richter Dr. Maurer[1] folgendes

beschlossen:

Der Antragstellerin wird die beantragte Prozesskostenhilfe versagt.

Gründe[1]:

1. Kurze Sachverhaltsschilderung
2. Rechtliche Würdigung, aus der sich ergibt, ob die Prozesskostenhilfe wegen der persönlichen und wirtschaftlichen Verhältnisse der Antragstellerin oder wegen Fehlens hinreichender Erfolgsaussicht der beabsichtigten Rechtsverfolgung oder Rechtsverteidigung versagt wird (§ 114 ZPO).

| *Rauh* | *Weiß* | *Maurer* |
| (Dr. Rauh) | (Weiß) | (Dr. Maurer) |

Nr. 5

Anmerkung

1. Die originäre Kammerzuständigkeit ergibt sich hier aus § 348 Abs. 1 Nr. 2 c ZPO.

2. Gegen die Versagung der Prozesskostenhilfe (dazu zählt auch die mit der Anordnung einer Ratenzahlung oder eines Vermögenseinsatzes verbundene, also den Antragsteller beschwerende Bewilligung) oder die Aufhebung der Bewilligung der Prozesskostenhilfe (§ 124 ZPO) findet sofortige Beschwerde binnen einer Notfrist von einem Monat statt. Dies gilt nicht, wenn der Streitwert der Hauptsache den in § 511 ZPO genannten Betrag nicht übersteigt, es sei denn, das Gericht hat ausschließlich die persönlichen oder wirtschaftlichen Voraussetzungen für die Prozesskostenhilfe verneint (§ 127 Abs. 2 Satz 2 ZPO).
Gegen die Bewilligung der Prozesskostenhilfe findet nur die sofortige Beschwerde der Staatskasse statt, wenn weder Monatsraten noch zu zahlende Beiträge (vgl. § 115 ZPO) festgesetzt worden sind (§ 127 Abs. 3 ZPO). Diese Beschwerde kann nur darauf gestützt werden, dass die Partei entsprechende Zahlungen zu leisten hat.
Der Prozessgegner hat gegen die Bewilligung der Prozesskostenhilfe kein Rechtsmittel (§ 127 Abs. 2 Satz 1).
Hat im ersten Rechtszug ein Einzelrichter entschieden, entscheidet auch das Beschwerdegericht durch einen Einzelrichter (§ 568 ZPO).

Nr. 6

Nr. 6. Antrag auf Erlass eines Pfändungs- und Überweisungsbeschlusses

Bernhard Most 21033 Hamburg, 8. 1. 2005
Rechtsanwalt Fockenweide 3

An das
Amtsgericht Hamburg
– Vollstreckungsgericht –

In der Zwangsvollstreckungssache

Jürgen Handke, Kaufmann, Wilhelmstr. 3, 21073 Hamburg,
– Gläubiger –
Prozessbevollmächtigter: Rechtsanwalt Bernhard Most, Fockenweide 3, 21033 Hamburg,

gegen

Ludwig Heinze, Kaufmann, Bremer Str. 27, 21073 Hamburg,
– Schuldner –

beantrage ich namens und in Vollmacht des Gläubigers den Erlass folgenden
Pfändungs- und Überweisungsbeschlusses

Wegen des dem Gläubiger gegen den Schuldner nach dem vollstreckbaren Urteil des Amtsgerichts Hamburg vom 20. 10. 2004 (Az: 3 C 372/04) zustehenden Anspruchs auf Zahlung von 595 € nebst 5% Zinsen über dem Basiszinssatz seit dem 1. 9. 2003 wird bis zur Höhe dieses Anspruchs und der Kosten für diesen Beschluss und der Zustellungskosten die Kaufpreisforderung des Schuldners gegen den Kaufmann Heinrich Bauer, Hauptstr. 11, Hamburg, – Drittschuldner – aus Lieferung einer Stereoanlage Technics SC-HD 50, bestehend aus RDS-Tuner, Cassettendeck, CD-Player, 2 Lautsprecherboxen und Fernbedienung, Rechnungsnummer 1054[2], gepfändet.

Der Drittschuldner darf, soweit die Forderung gepfändet ist, an den Schuldner nicht mehr zahlen. Der Schuldner hat sich insoweit jeder Verfügung über die Forderung, insbesondere ihrer Einziehung zu enthalten. Zugleich wird dem Gläubiger die bezeichnete Forderung in Höhe des erwähnten Betrags zur Einziehung überwiesen.

Most
(Most)
Rechtsanwalt

Nr. 6

Anmerkung

1. Vgl. § 829 Abs. 1 ZPO. Den erwirkten Beschluss muss der Gläubiger dem Drittschuldner zustellen lassen, § 829 Abs. 2 ZPO. Diese Zustellung folgt den Regeln der §§ 191, 192 ZPO (vgl. Thomas/Putzo, 27. Aufl., § 829 RdNr. 24).

2. Die gepfändete Forderung muss möglichst genau bezeichnet werden (vgl. Thomas/Putzo, § 829 RdNr. 7).

Nr. 7

b) Verfahren erster Instanz

Nr. 7. Klageschrift

Dr. Werner Habscheid 80333 München, 20. 1. 2005
Dr. Hans Müller-Haenisch Arcostr. 5
Rechtsanwälte

An das
Landgericht München I
– Zivilkammer –

Klage

in Sachen

1. Hans-Heinrich Frisch, Lauterweg 21, 45219 Essen,
2. Manfred Hebel, Hauptstr. 42, 45219 Essen,
– Kläger –

Prozessbevollmächtigte zu 1 und 2: Rechtsanwälte Dres. Habscheid und Müller-Haenisch, Arcostr. 5, 80333 München,

gegen

Hans Neuberger, Theatinerstr. 11, 80333 München,
– Beklagter –

wegen Forderung aus Darlehen
Streitwert: 34.000,– €.

Namens und im Auftrag der Kläger erheben wir hiermit Klage zum Landgericht München I mit dem

Antrag:

I. Der Beklagte wird verurteilt, an die Kläger je 17.000,– € nebst Zinsen hieraus in Höhe von 8 Prozent[1] seit 1. 12. 2004 zu zahlen.
II. Der Beklagte trägt die Kosten des Rechtsstreits.[2]
III. Das Urteil ist vorläufig vollstreckbar.[2.3]

Evtl.: Für den Fall des schriftlichen Vorverfahrens wird vorsorglich für den Fall der nicht rechtzeitigen Anzeige der Verteidigungsbereitschaft Versäumnisurteil gegen den Beklagten beantragt.[4]

Nr. 7

Begründung:

Substantiierter Tatsachenvortrag zur Begründung des prozessual geltend gemachten Anspruchs nach Grund und Höhe einschließlich etwaiger Nebenforderungen (§ 138 Abs. 1 ZPO).
Für jede behauptete Tatsache ist – sofern nicht vorprozessual unstreitig – gesondert Beweis anzutreten (§ 282 Abs. 1 und 2 ZPO).[5]

z. B. Der Beklagte hat am 1. 7. 2004 in der Münchner Gastwirtschaft „Laterne" von den Klägern je 17.000,– € als Darlehen mit einem Zinssatz von 8% erhalten und dabei Rückzahlung bis zum 30. 11. 2004 versprochen.

Beweis: Max Biermann, Gastwirt, Leopoldstr. 28,
         80802 München, als Zeuge.

Das Gesetz verlangt zwar keine Rechtsausführungen, in der Praxis sind sie jedoch dringend zu empfehlen und in Anwaltsschriftsätzen eine Selbstverständlichkeit. In jedem Fall sind Tatsachenbehauptungen und Rechtsausführungen erkennbar zu trennen.
Abschließend soll bei Klagen zum Landgericht dazu Stellung genommen werden, ob einer Entscheidung der Sache durch den Einzelrichter (§ 348 ZPO) Gründe entgegenstehen (§ 253 Abs. 3 ZPO).

   Müller-Haenisch
(Dr. Müller-Haenisch)
   Rechtsanwalt

Anmerkungen

1. Im Beispielsfall handelt es sich um vertraglich vereinbarte Zinsen (§ 288 Abs. 3 BGB).
Für Verzugszinsen wäre entsprechend § 288 Abs. 1 BGB zu formulieren, wobei § 291 BGB für den Verzugsbeginn zu beachten ist.

2. Anträge zur Kostenentscheidung und auf vorläufige Vollstreckbarkeit sind – im Gegensatz zu Vollstreckungserleichterungsanträgen (vgl. § 714 ZPO) – entbehrlich, aber üblich.

3. Ein vorsorglicher Schuldnerantrag nach § 712 ZPO und die Gläubigeranträge nach § 710 ZPO und § 711 Satz 3 ZPO sind im Antrag entsprechend dem Gesetzeswortlaut zu formulieren; in der Begründung sind die erforderlichen Tatsachen vorzutragen und glaubhaft zu machen (§ 714 Abs. 2 ZPO).

4. Vgl. §§ 276 Abs. 1 Satz 1, 331 Abs. 3 ZPO.

5. Beachte: § 296 Abs. 2 ZPO.

Nr. 8. Klageerwiderung

Kurt Kleinknecht 81675 München, 10. 2. 2005
Rechtsanwalt Schlosserstraße 11

An das
Landgericht München I
– 3. Zivilkammer –

In Sachen Frisch u. Hebel (Proz. Bev. RA. Dres. Habscheid u. Koll.) . /. Neuberger wegen Forderung[1]

Az: 3 O 1165/02

zeige ich an, dass ich den Beklagten vertrete.

Ich werde beantragen:

> Die Klage wird abgewiesen.

Evtl.: Vorsorglich erbitte ich Vollstreckungsschutz gemäß § 712 Abs. 1 Satz 2 ZPO.[2]

Begründung:

Eventuell Ausführungen zur Unzulässigkeit der Klage.
Erklärungen zu den vom Kläger behaupteten Tatsachen (§ 138 Abs. 2–4 ZPO) sowie eigener substantiierter Tatsachenvortrag (§ 138 Abs. 1 ZPO) mit jeweils dazu gehörigen Beweisantritten (§§ 282, 277 ZPO).[3]
Etwaige Einreden (z. B. die Verjährungseinrede) sind ausdrücklich zu erheben. Das Gesetz fordert zwar keine Rechtsausführungen, in der Praxis sind sie jedoch dringend zu empfehlen und in Anwaltsschriftsätzen eine Selbstverständlichkeit.
Abschließend ist in Prozessen vor dem Landgericht dazu Stellung zu nehmen, ob der Entscheidung der Sache durch den Einzelrichter (§ 348 ZPO) Gründe entgegenstehen (§ 277 Abs. 1 Satz 2 ZPO).

Kleinknecht
(Kleinknecht)
Rechtsanwalt

Nr. 8

Anmerkungen

1. Im Gegensatz zur Klageschrift reicht bei der Klageerwiderung ein Kurzrubrum.
2. Der Schuldnerschutzantrag ist genau zu bezeichnen; die tatsächlichen Voraussetzungen sind in der Begründung vorzutragen und glaubhaft zu machen (§ 714 Abs. 2 ZPO).
3. Beachte: § 296 Abs. 2 ZPO.

Nr. 9. Streitverkündungsschrift

Dr. Hanna Scherff
Rechtsanwältin

20355 Hamburg, 14. 2. 2005
Kaiser-Wilhelm-Str. 36

An das
Landgericht Hamburg
Zivilkammer 2

Az: 2 O 1271/05

Streitverkündung

In Sachen
Erika Ronnefeld, Friedrich-Ebert-Str. 121,
22459 Hamburg,
– Klägerin –
Prozessbevollmächtigte: Rechtsanwältin Dr. Scherff, Kaiser-Wilhelm-Str. 36, 20355 Hamburg,

gegen

Dr. med. Ehrenfried Hamann,
Bergmannstr. 28, 22419 Hamburg,
– Beklagter –

Prozessbevollmächtigte: Rechtsanwälte Pelzer und Dr. Steindorff, Masenkamp 5, 22419 Hamburg,

verkünde ich namens und in Vollmacht der Klägerin

Dr. med. Hansjörg Hofmann,
Wiesenstr. 81, 33729 Bielefeld,
– Streitverkünder –
den Streit mit der Aufforderung,

dem Rechtsstreit aufseiten der Klägerin beizutreten.

Sollte die Klage wider Erwarten abgewiesen werden, so hat die Klägerin einen Anspruch gegen den Streitverkündeten auf Schadensersatz, denn ... *(folgt Darlegung der Tatsachen zur Anspruchsgrundlage).*

Nr. 9

Der Streitverkündung sind als Anlagen die Klageschrift vom 3. 1. 2005 und die Klageerwiderung vom 11. 2. 2005 beigefügt. Das Gericht hat der Klägerin aufgegeben, zum Klageerwiderungsschriftsatz bis zum 5. 3. 2005 Stellung zu nehmen. Termin zur mündlichen Verhandlung ist auf den 22. 3. 2005 um 9.00 Uhr vor dem Landgericht Hamburg, Zivilkammer 2, Sievekingplatz 1, 20355 Hamburg, Ziviljustizgebäude, Raum 801, anberaumt worden.[1,2]

Scherff
(Dr. Scherff)
Rechtsanwältin

Anmerkungen

1. Zum gebotenen Inhalt vgl. § 73 Satz 1 ZPO.
2. Die Zustellung nach § 73 Satz 2 ZPO erfolgt gemäß § 166 ZPO von Amts wegen.

Nr. 10. Antragsschrift im Ehescheidungsverfahren

Dr. Heinz Hagenborn   85055 Ingolstadt, 13. 2. 2005
Rechtsanwalt   Nibelungenstr. 16

An das
Amtsgericht Ingolstadt
– Familiengericht –
85055 Ingolstadt

Antragsschrift[1]

Namens und im Auftrag von Frau Isabella Kurz, Ringseestr. 27, 85053 Ingolstadt,
wird unter Vorlage besonderer Vollmacht[2]

in Sachen

Isabella Kurz, Hausfrau, Ringseestr. 27, 85053 Ingolstadt,
– Antragstellerin –

Verfahrensbevollmächtigter: Rechtsanwalt Dr. Heinz Hagenborn,
Nibelungenstr. 16, 85055 Ingolstadt,

gegen

Hans-Georg Kurz, Psychotherapeut, Hangstr. 14, 85049 Ingolstadt,
– Antragsgegner –
wegen Ehescheidung u. a.
beantragt:[3]

I. Die am 21. Oktober 1988 vor dem Standesamt Hildesheim (Heiratsregister 329/1988) geschlossene Ehe der Parteien wird geschieden.
II. Die elterliche Sorge für das gemeinschaftliche Kind Katharina, geboren am 4. 3. 1995, wird auf die Antragstellerin übertragen.
III. Das Recht des Antragsgegners zum Umgang mit dem Kind Katharina wird auf Dauer ausgeschlossen.[4]
IV. 1. Der Antragsgegner hat an die Antragstellerin erschöpfende Auskunft über die Höhe seines Einkommens im Jahre 2004 und im Januar/Februar 2005 zu erteilen und die Vollständigkeit und Richtigkeit dieser Auskunft an Eides Statt zu versichern.[5]
2. Der Antragsgegner wird verurteilt, an die Antragstellerin für diese selbst und für das gemeinschaftliche Kind Katharina,

Nr. 10

geboren am 4. 3. 1995, einen sich nach dieser Auskunft ergebenden, monatlich im Voraus zu zahlenden Unterhalt zu bezahlen.[6]

V. 1. Der Antragsgegner hat an die Antragstellerin erschöpfende Auskunft über die von ihm während der Ehe nachgezahlten und/oder angesparten bzw. eingezahlten oder sonst erworbenen Altersversorgungen zu erteilen und die Vollständigkeit und Richtigkeit dieser Auskunft an Eides Statt zu versichern.[7]

2. Die sich nach dieser Auskunft ergebenden, während der Ehe erworbenen Versorgungsanwartschaften werden hälftig auf die Antragstellerin übertragen.[8]

VI. 1. Der Antragsgegner hat an die Antragstellerin erschöpfende Auskunft über den Bestand seines heutigen Vermögens zu erteilen und die Vollständigkeit und Richtigkeit dieser Auskunft an Eides Statt zu versichern.[9]

2. Der Antragsgegner wird verurteilt, an die Antragstellerin den sich nach dieser Auskunft ergebenden Zugewinnausgleich zu bezahlen.

VII. Der Antragsgegner wird vorab – im Wege einstweiliger Anordnung[10] – verurteilt, an die Antragstellerin monatlich im Voraus einen Unterhalt von 1000,- € und für das gemeinschaftliche Kind Katharina, geboren am 4. 3. 1995, an die Antragstellerin einen monatlich im Voraus zu zahlenden Unterhalt von 500,- € zu zahlen.

VIII. Der Antragsgegner wird vorab – im Wege einstweiliger Anordnung[10] – verurteilt, zu Händen des Verfahrensbevollmächtigten der Antragstellerin einen Prozesskostenvorschuss von 2560,- € zu bezahlen.

IX. Der Antragsgegner trägt die Kosten des Verfahrens.

Begründung:

Zum Antrag I:
Die Antragstellerin, geb. am 16. 3. 1960 in Hildesheim, deutsche Staatsangehörige, hat mit dem am 27. 7. 1958 in München geborenen Antragsgegner am 21. 10. 1988 vor dem Standesamt Hildesheim die Ehe geschlossen. Auch der Antragsgegner ist deutscher Staatsangehöriger.
Beweis: Anliegende Heiratsurkunde
Aus dieser Ehe ist das am 4. 3. 1995 geborene Kind Katharina hervorgegangen.[11] Die elterliche Sorge wurde für die Dauer des Getrenntlebens durch Beschluss des Amtsgerichts Ingolstadt vom 12. 5. 2000 der Antragstellerin übertragen.
Folgen Ausführungen zur Zerrüttung der Ehe, Dauer des Getrenntlebens, Zustimmung des Antragsgegners zur Scheidung[12] oder Angabe der

Gründe, die eine Fortsetzung der Ehe als unzumutbare Härte erscheinen lassen, je nachdem, ob der Scheidungsantrag auf § 1566 Abs. 1 oder Abs. 2 BGB oder auf § 1565 Abs. 2 BGB gestützt wird.

Zum Antrag II:
Folgen Ausführungen, aus welchen Gründen die Aufhebung der gemeinsamen Sorge und die Übertragung auf die Antragstellerin dem Wohl des Kindes am besten entspricht, § 1671 BGB.

Zum Antrag III:
Folgen Ausführungen, aus welchen Gründen ohne dauernden Ausschluss des Rechts des Antragsgegners zum Umgang mit dem Kind das Wohl des Kindes gefährdet wäre, § 1684 Abs. 4 BGB.

Zum Antrag IV:
Folgen Ausführungen zu den vermuteten Einkünften des Antragsgegners und zur Schwierigkeit der Antragstellerin, Einblick in diese Einkünfte zu bekommen, sowie Angaben über die eigenen Einkünfte.

Zum Antrag V:
Folgen Ausführungen zu den vermuteten, während der Ehe erworbenen Versorgungsanwartschaften des Antragsgegners und Angaben über eigene, in dieser Zeit erworbene Versorgungsanwartschaften.

Zum Antrag VI:
Folgen Ausführungen zum vermuteten Vermögen des Antragsgegners zur Zeit der Beendigung des Güterstandes sowie zu seinem Anfangsvermögen und zum Anfangs- und Endvermögen der Antragstellerin.

Zum Antrag VII:
Folgen Ausführungen, warum der laufende Unterhalt gefährdet erscheint (etwa weil der Antragsgegner angekündigt hat, die Zahlungen einzustellen oder einzuschränken) und warum der begehrte Betrag angemessen ist.

Zum Antrag VIII:
Folgen Ausführungen, warum die Antragstellerin aus eigenen Mitteln die Prozesskosten nicht aufbringen kann.

Zum Antrag IX:
Folgen Ausführungen zu § 93 a Abs. 1 Satz 2 ZPO.

Es wird beantragt, die gesamte Auseinandersetzung im Verbundverfahren (§ 623 ZPO) zu regeln. Familiensachen der in § 621 Abs. 1 ZPO bezeichneten Art sind nicht anderweitig anhängig.[11]

Ich bitte um Bestimmung eines möglichst nahen Termins zur mündlichen Verhandlung.

Hagenborn
(Dr. Hagenborn)
Rechtsanwalt

Nr. 10

Anmerkungen

1. Vgl. § 622 ZPO.
2. Vgl. § 609 ZPO.
3. Die Anträge sind je nach Familien- und Ehesituation sehr unterschiedlich. Ein Katalog der möglichen Regelungsgegenstände findet sich in § 621 Abs. 1 Nr. 1–9 ZPO und bezüglich einstweiliger Anordnungen in § 620 Abs. 1 Nr. 1–9 ZPO. Die Stufenklagen (Anträge IV, V und VI) sind ebenfalls Familiensachen. Das Auskunftsverlangen ist zwar nicht die Regel, aber bei freiberuflich tätigen Antragsgegnern und längerem Getrenntleben der Ehegatten nicht selten.
   Der „Einheitsschriftsatz", wie ihn das Formular darstellt, ist für den Anwalt wohl schreibtechnisch und organisatorisch die einfachste Lösung. Er schafft bei Gericht aber vor allem dann, wenn Folgesachen aus dem Verbund gelöst werden, erhebliche Probleme in der Aktenführung; außerdem sind nach § 624 Abs. 4 ZPO Schriftsätze verfahrensbeteiligten Dritten nur auszugsweise mitzuteilen. Manche Familiengerichte wünschen daher Scheidungsantrag und Folgesachen-Anträge in je getrennten Schriftsätzen, andere Gerichte zwar die Zusammenfassung (mindestens aber Ankündigung) aller Anträge in einem einzigen Schriftsatz, aber gesondert einzureichende Begründungen. Geboten ist in jedem Fall wegen § 624 Abs. 4 ZPO die klare Zuordnung der Begründung zu den einzelnen Anträgen.
4. Dieser weitgehende Antrag wird nur ganz ausnahmsweise Erfolg haben, etwa bei Gewalttätigkeit des Vaters oder sexueller Gefährdung des Kindes durch den Vater; auch dann muss das Gericht aber erwägen, ob nicht die Anordnung der Anwesenheit Dritter beim Umgang mit dem Kind diese Gefahren beseitigen kann (§ 1684 Abs. 4 Satz 3 BGB). Es empfehlen sich daher Hilfsanträge zum Umfang und zur konkreten Ausübung des Umgangsrechts.
5. Vgl. § 1361 Abs. 4, § 1605 BGB; zum Umfang vgl. §§ 259, 260 BGB. Zur eidesstattlichen Versicherung vgl. § 262 BGB.
6. Vgl. § 1629 Abs. 3 BGB.
7. Vgl. §§ 1587e Abs. 1, § 1580 BGB.
8. Der Antrag bezieht sich auf einen Fall der §§ 1587a Abs. 1, 1587b Abs. 1 BGB. Für Beamtenpensionen und betriebliche Altersversorgungen (§ 1587b Abs. 2 und 3 BGB) wäre der Antrag anders zu fassen (vgl. Palandt, Anm. zu § 1587b BGB), ebenso bei anderer Durchführung des Versorgungsausgleichs (§§ 1587g, 1587o, 1587b Abs. 4 BGB). Vgl. auch das Gesetz zur Regelung von Härten im Versorgungsausgleich (VAHRG), bei Palandt abgedruckt als Anhang zu § 1587b BGB.
9. Vgl. §§ 1372 ff., insbesondere § 1379 BGB.
10. Weitere Gegenstände einstweiliger Anordnung: § 620 ZPO. Die einstweilige Anordnung ergeht vorab durch Beschluss, § 620a Abs. 1 ZPO.
11. Zwingend vorgeschriebene Angabe: § 622 Abs. 2 ZPO.
12. Im Falle der einverständlichen Scheidung (§ 1566 Abs. 1 BGB) sind die Angaben nach § 630 Abs. 1 Nr. 1–3 ZPO erforderlich. Die Anträge II, III und IV entfallen. Die Anträge V und VI werden besser über § 628 ZPO aus dem Verbund gelöst, um die beiderseits gewünschte Scheidung nicht zu verzögern.

Nr. 11. Beweisbeschluss

Landgericht Lüneburg
Az: 13 O 187/05

In Sachen
Hans Henschel, Bachstr. 5, 21337 Lüneburg,
– Kläger –

Prozessbevollmächtigter: Rechtsanwalt Dr. Lohse, Meisenstr. 50,
21337 Lüneburg,

gegen

Ludwig Quaden, Jahnring 16, 21335 Lüneburg
– Beklagter –

Prozessbevollmächtigte: Rechtsanwälte Dres. Thießen und Lemm,
Marktplatz 1, 21335 Lüneburg,

erlässt das Landgericht Lüneburg, Zivilkammer 13, durch Richterin am Landgericht Mundt als Einzelrichterin auf Grund der mündlichen Verhandlung vom 20. 4. 2005 (*oder:* im schriftlichen Verfahren, in dem Schriftsätze bis zum ... eingereicht werden konnten; *oder:* nach Lage der Akten am ...)[1] folgenden

Beschluss:[2]

I. Es ist Beweis zu erheben über die Behauptungen des Klägers,
 1. ...
 2. ...
 durch Vernehmung der Zeugen
 a) Karl Hofer, Magdeburger Str. 14, Lüneburg, zu 1) und 2),
 b) Norbert Hell, Hochstr. 112, Lüneburg, zu 2).
II. Es ist Beweis zu erheben über die Behauptung des Beklagten,
 ...
 durch Vernehmung des Zeugen
 Karl-Heinz Müller, Kolberger Str. 18, Lüneburg.
III. Die Ladung der Zeugen wird davon abhängig gemacht, dass die Parteien binnen drei Wochen bei Gericht einen Auslagenvorschuss von je 120,– € für jeden von ihnen benannten Zeugen einzahlen oder Entschädigungsverzichtserklärungen der Zeugen einreichen.[3]

Nr. 11

IV. Termin zur Beweisaufnahme und Fortsetzung der mündlichen Verhandlung wird bestimmt auf
Dienstag, den 21. Juni 2005, um 9.00 Uhr,
im Zimmer 113 des Landgerichtsgebäudes.

V. Das persönliche Erscheinen des Klägers und des Beklagten zu diesem Termin wird angeordnet.[4,5]

Mundt
(Mundt)

Anmerkungen

1. § 329 ZPO enthält keine Vorschrift über das Rubrum; § 313 ZPO wird nicht für entsprechend anwendbar erklärt. Deshalb ist bei vielen Gerichten für Beweisbeschlüsse folgendes gekürzte Rubrum üblich:

LG Lüneburg
Az. 13 O 187/05

In dem Rechtsstreit

Hans Hentschel	./.	Ludwig Quaden
(RA. Dr. Lohse)		(Rae. Dr. Theißen u. Koll.)

erlässt das LG Lüneburg – Zivilkammer 13 – folgenden

Beweisbeschluss

2. Das Gericht kann auch schon vor der mündlichen Verhandlung einen Beweisbeschluss erlassen und ausführen (§ 358 a ZPO).

3. Vgl. § 379 ZPO.

4. Die Anordnung des persönlichen Erscheinens der Parteien ist nicht zwingend, aber oft zweckmäßig, § 141 ZPO.

5. Als weitere Anordnungen kommen in Betracht:
   - Sachverständigenbeweis mit präziser Fragestellung und fallbezogenen Weisungen über Art und Umfang der Tätigkeit des Sachverständigen, § 404 a ZPO,
   - gerichtlicher Augenschein, § 371 ZPO,
   - Fristsetzung, ein Hindernis für die Beweisaufnahme zu beseitigen, z. B. einen mit N. N. bezeichneten Zeugen mit Namen und Anschrift zu benennen oder ein Objekt zugänglich zu machen, § 356 ZPO,
   - Anordnung der Urkundenvorlegung durch eine der Parteien oder durch Dritte, soweit dies dem Dritten zumutbar ist und er nicht ein Zeugnisverweigerungsrecht hat, § 142 Abs. 1 und 2 ZPO,
   - Anordnungen nach § 144 Abs. 1 Satz 2 ZPO gegenüber Dritten, Gegenstände vorzulegen oder die Anordnung, Augenschein und Begutachtung durch Sachverständige zu dulden, § 144 Abs. 1 Satz 3 ZPO.

Nr. 12

Nr. 12. Urteil erster Instanz

Landgericht Frankfurt/Main
Az: 1 O 1575/05

Im Namen des Volkes

In dem Rechtsstreit

Fa. Georg Nell, Baumaschinen GmbH, Fichtestr. 27, 60316 Frankfurt/Main,
gesetzlich vertreten durch ihren Geschäftsführer Franz Gebhard, Fichtestr. 27, 60316 Frankfurt/Main,
– Klägerin –[1]
Prozessbevollmächtigter: Rechtsanwalt Dr. Paul Fechter,
Hauptwache 3, 60313 Frankfurt/Main,

gegen

Hans Ludwig, Kaufmann, Bremer Str. 25, 60323 Frankfurt/Main,
– Beklagter –[1]
Prozessbevollmächtigter: Rechtsanwalt Dr. Kurt Scharf, Gellertstr. 54, 60389 Frankfurt/Main,

wegen Forderung aus einem Bauvertrag

erlässt das Landgericht Frankfurt/Main, 1. Zivilkammer, durch Vorsitzenden Richter am Landgericht Dr. Stamm und die Richter am Landgericht Dr. Berner und Weiß (*oder:* Richter am Landgericht Dr. Berner als Einzelrichter) auf Grund der mündlichen Verhandlung vom 8. 4. 2005 (*oder:* im schriftlichen Verfahren, in dem Schriftsätze bis zum ... eingereicht werden konnten; *oder:* nach Lage der Akten am ...) folgendes

Endurteil:[2,3]

I. Der Beklagte wird verurteilt, an die Klägerin 40.000,- € (i. W. vierzigtausend Euro) nebst Zinsen hieraus in Höhe von 5 Prozentpunkten über dem jeweiligen Basiszinssatz seit 10. 5. 2003 zu zahlen. Im Übrigen wird die Klage abgewiesen.

II. Von den Kosten des Rechtsstreits hat der Beklagte ¾, die Klägerin ¼ zu tragen.

III. Das Urteil ist vorläufig vollstreckbar, für die Klägerin jedoch nur gegen Sicherheitsleistung in Höhe von 49.000,- €. Die Klägerin kann die Vollstreckung durch Sicherheitsleistung von 750,- € abwenden, wenn nicht der Beklagte vor der Vollstreckung Sicherheit in gleicher Höhe leistet.[4]

Nr. 12

Tatbestand:[5]
- Unstreitiger Sachverhalt (Imperfekt)
- Die bestrittenen Tatsachenbehauptungen des Klägers und die Andeutung seiner Rechtsansichten (Präsens, indirekte Rede)[6]
- Die Prozessgeschichte, soweit sie auf die Anträge der Parteien von Einfluss gewesen ist (Verweisung des Rechtsstreits an ein anderes Gericht, vorangegangenes Versäumnisurteil, Teil- oder Vorbehaltsurteil u. ä.) (Perfekt oder Imperfekt)
- Die zuletzt gestellten Anträge des Klägers und des Beklagten (Präsens)
- hervorgehoben! -
- Verteidigungsvorbringen des Beklagten bestehend aus Tatsachenvortrag und kurzen Rechtsausführungen (Präsens, indirekte Rede)[6]
- gegebenenfalls Erwiderung des Klägers und des Beklagten (Präsens)[6]
- Prozessgeschichte, soweit sie noch für die Entscheidung erheblich ist, insbes. Beweisbeschlüsse und Beweisergebnis in der Form der Bezugnahme auf Sitzungsprotokolle (Perfekt).

Entscheidungsgründe:

- Zulässigkeit der Klage
- Begründetheit der Klage
- Kostenentscheidung
- Entscheidung über die vorläufige Vollstreckbarkeit.

Stamm	Berner	Weiß
(Dr. Stamm)	(Dr. Berner)	(Weiß)
Vors. Richter am LG	Richter am LG	Richter am LG

oder im Fall des §§ 348 oder 348a ZPO:

Berner
(Dr. Berner)
Richter am Landgericht

Anmerkungen

1. **Streithelfer** (= Nebenintervenienten) werden nach der Partei aufgeführt, der sie beigetreten sind, also beispielsweise nach dem Kläger:
„Streithelfer: Karl May, ... Anschrift ...
Prozessbevollmächtigter: Rechtsanwalt Martin Berger,
Anschrift"
Streitverkündete, die dem Rechtsstreit nicht beigetreten sind, erscheinen im Rubrum nicht, § 74 Abs. 2 ZPO.
Mehrere Parteien auf einer Seite (Streitgenossen) werden meist untereinander mit vorangestellten arabischen Ziffern aufgeführt.

Nr. 12

2. Beispiele für Urteilsformeln

A. Entscheidung über Hauptantrag
   a) Das Leistungsurteil
      I. Der Beklagte wird verurteilt, an den Kläger 15.000,- € nebst 7,68% Zinsen hieraus seit 1. 6. 2004 zu bezahlen.
   b) Das Feststellungsurteil
      I. Es wird festgestellt, dass zwischen den Parteien am 15. 5. 1982 ein wirksamer Erbvertrag geschlossen wurde.
   c) Das Gestaltungsurteil
      I. Der Beklagte wird aus der Fa. Karl Müller OHG als Gesellschafter ausgeschlossen.
      oder
      I. Die Zwangsvollstreckung aus dem Endurteil des Amtsgerichts München vom 20. 1. 2004 (Az: 5 C 162/04) wird für unzulässig erklärt.

B. Entscheidung über die Kosten des Rechtsstreits
   (s. auch Thomas-Putzo, Anm. zu §§ 91 ff. ZPO).
   a) Erfolglose Klage (§ 91 ZPO)
      II. Der Kläger hat die Kosten des Rechtsstreits zu tragen.
   b) Teilunterliegen (§ 92 ZPO)
      II. Die Kosten des Rechtsstreits werden gegeneinander aufgehoben.
      oder:
      II. Von den Kosten des Rechtsstreits hat der Beklagte $3/5$, der Kläger $2/5$ zu tragen. *(Die Kostenquote kann auch in % ausgedrückt werden.)*
   c) Haftung nach Bruchteilen und bei Gesamtschuldverhältnis (§ 100 Abs. 1 und 4 ZPO)
      II. Die Beklagten haben die Kosten des Rechtsstreits zu tragen.
   d) Unterschiedlicher Erfolg mehrerer Streitgenossen (§§ 91, 92 ZPO entspr.)
      Fall: der Beklagte zu 1 obsiegt, der Beklagte zu 2 unterliegt ganz:
      II. Die Gerichtskosten tragen der Kläger und der Beklagte zu 2 je zur Hälfte. Die außergerichtlichen Kosten des Beklagten zu 1 trägt der Kläger, die des Klägers trägt zur Hälfte der Beklagte zu 2.
      Fall: die Beklagten zu 1 und 2 werden verurteilt, die Klage gegen den Beklagten zu 3 wird abgewiesen:
      II. Von den Gerichtskosten tragen $2/3$ die Beklagten zu 1 und 2, der Kläger $1/3$. Der Kläger trägt die außergerichtlichen Kosten des Beklagten zu 3. Die Beklagten zu 1 und 2 tragen $2/3$ der außergerichtlichen Kosten des Klägers.
   e) Erfolglose Klage nach Wiedereinsetzung in den vorigen Stand für den Beklagten,
      Fall des § 238 Abs. 4 ZPO
      II. Die Kosten des Rechtsstreits hat der Kläger zu tragen mit Ausnahme derjenigen Kosten, die durch die Wiedereinsetzung in den vorigen Stand entstanden sind; diese Kosten hat der Beklagte zu tragen.
   f) Nebenintervention (§ 101 Abs. 1 ZPO)
      Fall: Der Nebenintervenient hat den Beklagten unterstützt; der Kläger obsiegt zu $1/3$:
      II. Der Kläger trägt die Kosten des Rechtsstreits und der Streithilfe zu je $2/3$, der Beklagte die des Rechtsstreits zu $1/3$, der Nebenintervenient die der Streithilfe zu $1/3$.

Nr. 12

C. Entscheidung über die vorläufige Vollstreckbarkeit
a) Ohne Sicherheitsleistung vorläufig vollstreckbare Urteile (§ 708 ZPO)
   III. Das Urteil ist vorläufig vollstreckbar (§ 708 Nr. 1–3 oder § 713 ZPO)
   oder:
   III. Das Urteil ist vorläufig vollstreckbar. Der Beklagte kann die Vollstreckung durch Sicherheitsleistung in Höhe von 1000,- € abwenden, falls nicht der Kläger vor der Vollstreckung Sicherheit in gleicher Höhe leistet (§§ 708 Nr. 4–11, 711 ZPO); bei Geldforderungen kann die Abwendungsbefugnis durch eine Sicherheitsleistung statt betragsmäßig in einem prozentualen Verhältnis zum jeweils zu vollstreckenden Betrag festgelegt werden (§ 711 Satz 2 ZPO), z. B. „Der Beklagte kann die Vollstreckung durch Sicherheitsleistung von 110% des zu vollstreckenden Betrages abwenden, wenn nicht …".
   (Der Zuschlag dient hier der Sicherung des Vollstreckungsgläubigers vor Schäden aus der Nichtvollstreckung.)
b) Gegen Sicherheitsleistung vorläufig vollstreckbare Urteile (§ 709 ZPO oder § 712 Abs. 2 Satz 2 ZPO)
   III. Das Urteil ist gegen Sicherheitsleistung in Höhe von 5100,- € vorläufig vollstreckbar.
   Die Bestimmung von Art und Höhe der Sicherheitsleistung steht unter Berücksichtigung von § 717 Abs. 2 ZPO im freien Ermessen des Gerichts (§ 108 ZPO). Die Sicherheit berücksichtigt Hauptsache, Zinsen, vorgeschossene Gerichtskosten und Auslagen der Beweisaufnahme sowie die notwendigen außergerichtlichen Kosten, insbesondere Anwaltskosten, der vollstreckenden Partei. Dies muss aber nicht genau berechnet werden.
   Soweit eine Geldforderung zu vollstrecken ist, genügt die Angabe in einem bestimmten Verhältnis zur Höhe des jeweils zu vollstreckenden Betrages (§ 709 Satz 2 ZPO), z. B. „Das Urteil ist gegen Sicherheitsleistung in Höhe von 110% des jeweils zu vollstreckenden Betrages vorläufig vollstreckbar" oder „Das Urteil ist vorläufig vollstreckbar gegen Sicherheitsleistung im Verhältnis von sieben zu sechs des jeweils zu vollstreckenden Betrages".
   Der Zuschlag soll geschätzte Schäden des Vollstreckungsschuldners aus der vorläufigen Vollstreckung (§ 717 Abs. 2 ZPO) absichern; er kann daher im Einzelfall höher oder niedriger zu bemessen sein.
c) Teilunterliegen; jeder Teil ist für sich zu behandeln, also im Fall des § 709 ZPO
   III. Das Urteil ist vorläufig vollstreckbar, für den Kläger gegen Sicherheitsleistung in Höhe von 10.000,- €, für den Beklagten gegen eine solche in Höhe von 2800,- €.

3. Beispiele für Urteilsformeln in besonderen Urteilsarten

A. Urteil auf Klage und Widerklage
   I. Der Beklagte wird verurteilt, an den Kläger 5000,- € zu zahlen.
   II. Die Widerklage wird abgewiesen.
   III. Der Beklagte hat die Kosten des Rechtsstreits zu tragen.
   IV. Das Urteil ist gegen Sicherheitsleistung in Höhe von 7500,- € vorläufig vollstreckbar.

B. Urteil bei Klagenhäufung
  a) Objektive Klagenhäufung (kumulativ, alternativ, eventual)
    Fall: Hauptantrag unbegründet, Hilfsantrag begründet:
      I. Der Beklagte wird verurteilt, an den Kläger einen fabrikneuen Pkw Marke VW Golf GTI zu übereignen. Im Übrigen wird die Klage abgewiesen.
      II. Von den Kosten des Rechtsstreits hat der Beklagte ³/₈, der Kläger ⁵/₈ zu tragen.
      III. ... (vorläufige Vollstreckbarkeit) ...
  b) Subjektive Klagenhäufung
    Fall: Der Beklagte zu 1 unterliegt, der Beklagte zu 2 obsiegt:
      I. Der Beklagte zu 1 wird verurteilt, an den Kläger 800,– € zu zahlen. Im Übrigen wird die Klage abgewiesen.
      II. Die Gerichtskosten tragen der Kläger und der Beklagte zu 1 je zur Hälfte. Die außergerichtlichen Kosten des Beklagten zu 2 trägt der Kläger, die des Klägers trägt zur Hälfte der Beklagte zu 1.
      III. ... (vorl. Vollstreckbarkeit, vgl. §§ 708 Nr. 11, 711 ZPO) ...
C. Verzichtsurteil (§ 306 ZPO)
    I. Der Kläger wird mit dem geltend gemachten Anspruch abgewiesen.
    II. Der Kläger hat die Kosten des Rechtsstreits zu tragen.
    III. ... (vorl. Vollstreckbarkeit, vgl. § 708 Nr. 1) ...
D. Versäumnisurteil (§§ 330 ff. ZPO)
  a) Säumnis des Beklagten:
    – Klage ist zulässig und schlüssig, Fall des § 331 Abs. 2 Halbsatz 1 ZPO (sog. erstes Versäumnisurteil):
      Versäumnisurteil:
      Urteilsformel wie oben 1. A
    – Klage ist nicht zulässig oder nicht schlüssig, Fall des § 331 Abs. 2 Halbsatz 2 ZPO (sog. unechtes Versäumnisurteil)
      Endurteil:
      I. Die Klage wird abgewiesen.
      II. Der Kläger trägt die Kosten des Rechtsstreits.
      III. ... (vorl. Vollstreckbarkeit nach §§ 708 Nr. 11, 711 oder § 709 Satz 1 ZPO) ...
  b) Säumnis des Klägers, Fall des § 330 ZPO:
      Versäumnisurteil:
      I. Die Klage wird abgewiesen.
      II. Der Kläger trägt die Kosten des Rechtsstreits.
      III. Das Urteil ist vorläufig vollstreckbar.
  c) Einspruch gegen Versäumnisurteil (§§ 338 ff. ZPO):
    (1) Der Einspruch ist nicht zulässig, Fall des § 341 ZPO
      Endurteil:
      I. Der Einspruch des Beklagten gegen das Versäumnisurteil vom 17. 3. 2005 wird als unzulässig verworfen.
      II. Der Beklagte trägt die weiteren Kosten des Rechtsstreits.
      III. Das Urteil ist vorläufig vollstreckbar.
    (2) Der Einspruch ist zulässig
      (a) Der Einspruchsführer ist im Einspruchstermin erneut säumig, Fall des § 345 ZPO (sog. zweites Versäumnisurteil):

Nr. 12

Versäumnisurteil:
I. Der Einspruch des Beklagten gegen das Versäumnisurteil vom 17. 3. 2005 wird verworfen.
II. Der Beklagte trägt die weiteren Kosten des Rechtsstreits.
III. Das Urteil ist vorläufig vollstreckbar.

(b) Es wird streitig verhandelt, aber inhaltlich gleiches Ergebnis wie Versäumnisurteil (§ 343 Satz 1 ZPO): – Fall: Das Versäumnisurteil verurteilte den Beklagten zur Zahlung von 4000,– € –

Endurteil:
I. Das Versäumnisurteil vom 17. 3. 2005 wird aufrechterhalten.
II. Der Beklagte hat die weiteren Kosten des Rechtsstreits zu tragen.
III. Das Urteil ist gegen Sicherheitsleistung von € 5000,– vorläufig vollstreckbar. Die Zwangsvollstreckung aus dem Versäumnisurteil darf nur fortgesetzt werden, wenn diese Sicherheit geleistet ist. *(Vgl. § 709 Satz 1 und 3 ZPO)*

(c) Es wird streitig verhandelt – mit inhaltlich teilweise anderem Ergebnis als Versäumnisurteil (§ 343 Satz 2 ZPO): – Fall: Das Versäumnisurteil verurteilte den Beklagten zur Zahlung von 10.000,– € –

Endurteil:
I. Das Versäumnisurteil vom 17. 3. 2005 wird aufrechterhalten, soweit der Beklagte verurteilt worden ist, an den Kläger 5000,– € nebst 7,68% Zinsen hieraus seit 1. 9. 2003 zu zahlen.
II. Im Übrigen wird das Versäumnisurteil vom 17. 3. 2005 aufgehoben und die Klage abgewiesen.
III. Der Beklagte trägt die Kosten seiner Säumnis *(nur unter den Voraussetzungen des § 344 ZPO)*; die übrigen Kosten werden gegeneinander aufgehoben.
IV. ... (vorl. Vollstreckbarkeit nach § 709 Satz 1 und 3 ZPO) ...

(d) Es wird streitig verhandelt mit inhaltlich anderem Ergebnis als Versäumnisurteil: – Fall eines Versäumnisurteils gegen den Kläger –
I. Das Versäumnisurteil vom 17. 3. 2005 wird aufgehoben.
II. Der Beklagte wird verurteilt, an den Kläger den Pkw Marke VW, Fahrgestell Nr. 270.134, herauszugeben.
III. Der Kläger trägt die Kosten seiner Säumnis *(nur unter den Voraussetzungen des § 344 ZPO)*, die übrigen Kosten trägt der Beklagte.
IV. Das Urteil ist gegen Sicherheitsleistung in Höhe von 8500,– € vorläufig vollstreckbar.

E. Vorbehaltsurteil
a) gemäß § 302 ZPO:

Vorbehaltsurteil
I. Der Beklagte wird verurteilt, an den Kläger 3000,– € nebst 7,68% Zinsen hieraus seit 1. 1. 2005 zu zahlen.

Nr. 12

II. Die Entscheidung über die Aufrechnung des Beklagten mit dessen Gegenforderung aus dem Kaufvertrag vom 10. 3. 2004 bleibt vorbehalten.
III. Der Beklagte hat die Kosten des Rechtsstreits zu tragen.
IV. Das Urteil ist gegen Sicherheitsleistung in Höhe von 3900,- € vorläufig vollstreckbar.

Das Endurteil im Nachverfahren lautet dann z. B.:
(1) wenn die Aufrechnung begründet ist:

Endurteil
I. Das Vorbehaltsurteil vom 25. 4. 2004 wird aufgehoben.
II. Die Klage wird abgewiesen.
III. Der Kläger hat die Kosten des Rechtsstreits zu tragen.
IV. ... (vorl. Vollstreckbarkeit nach §§ 708 Nr. 11, 711 oder § 709 Satz 1 ZPO) ...

(2) wenn die Aufrechnung unbegründet ist:

Endurteil
I. Das Vorbehaltsurteil vom 25. 1. 2004 wird aufrechterhalten; der Vorbehalt fällt weg.
II. Der Beklagte hat die weiteren Kosten des Rechtsstreits zu tragen.
III. ... (vorl. Vollstreckbarkeit nach §§ 708 Nr. 11, 711 oder § 709 Satz 1 ZPO) ...

b) gemäß § 599 ZPO:

Vorbehaltsurteil
I. Der Beklagte wird verurteilt, an den Kläger 1000,- € nebst 7,68% Zinsen hieraus seit 1. 1. 2005 zu zahlen.
II. Der Beklagte hat die Kosten des Rechtsstreits zu tragen.
III. Das Urteil ist vorläufig vollstreckbar. Der Beklagte kann die Vollstreckung durch Sicherheitsleistung von ... abwenden, wenn nicht der Kläger vor der Vollstreckung Sicherheit in gleicher Höhe leistet. *(Vgl. §§ 708 Nr. 4, 711 ZPO)*
IV. Dem Beklagten wird die Ausführung seiner Rechte vorbehalten.

Das Endurteil im Nachverfahren entspricht a) mit der Maßgabe, dass § 708 Nr. 5 ZPO zu beachten ist.

F. Grundurteil (§ 304 ZPO)
Der Anspruch des Klägers auf Ersatz seines Schadens aus dem Verkehrsunfall vom 21. 1. 2005 gegen den Beklagten ist dem Grunde nach gerechtfertigt *Oder:* ... zu ²/₃ gerechtfertigt.

G. Zwischenurteil
a) gemäß § 71 ZPO
Der Beitritt des Franz Deinhard als Nebenintervenient aufseiten des Beklagten ist zulässig.
Oder:
I. Die Nebenintervention des Franz Deinhard wird als unzulässig zurückgewiesen.
II. Die Kosten des Zwischenstreits hat der Streithelfer zu tragen.

Nr. 12

b) gemäß § 303 ZPO
Der am 20. 4. 2005 von den Parteien geschlossene Prozessvergleich ist unwirksam.

H. Abänderungsurteil (§ 323 ZPO)
I. Das Urteil des Amtsgerichts München vom 25. 6. 1998 (Az: 13 C 1027/98) wird mit Wirkung vom 1. Juli 2005 dahin abgeändert, dass der Beklagte an Stelle einer monatlichen Unterhaltsrente von 300,- € an den Kläger eine solche von 400,- € monatlich im Voraus zu zahlen hat.
II. Der Beklagte hat die Kosten des Rechtsstreits zu tragen.
III. Das Urteil ist vorläufig vollstreckbar. *(Vgl. §§ 708 Nr. 8, 711 Satz 2, 710 ZPO bei entsprechendem Antrag.)*

J. Urteil in Familiensachen
I. Die am 10. 5. 1975 vor dem Standesbeamten in Würzburg geschlossene Ehe der Parteien wird geschieden.
II. *Ausspruch über Folgesachen* (vgl. Nr. 10).
III. Die Kosten des Verfahrens werden gegeneinander aufgehoben.
Oder:
I. Der Scheidungsantrag wird abgewiesen.
II. *Evtl.* Dem Antragsteller bleibt vorbehalten, den Antrag ... *(Folgesache)* ... als selbständige Familiensache fortzusetzen. *(Vgl. § 629 Abs. 3 Satz 1 ZPO)*
III. Der Antragsteller trägt die Kosten des Verfahrens.

4. Vgl. § 711 ZPO, aber auch § 713 ZPO.

5. Zum Tatbestand
Der Tatbestand soll knapp und aufs Wesentliche beschränkt dargestellt werden; Bezugnahmen auf Schriftsätze, Protokolle und andere Unterlagen dienen der Entlastung des Tatbestandes; vgl. § 313 Abs. 2 ZPO. Zum Aufbau vgl. Reichold in Thomas/Putzo, § 313 RdNr. 12 ff.

6. Formulierung des Parteivorbringens
Tatsachen werden *behauptet, vorgebracht, vorgetragen u. s. w.* Rechtsausführungen werden bezeichnet mit den Verben *meinen, folgern, der Ansicht sein, ausführen, die Auffassung vertreten u. s. w.*

Nr. 13

Nr. 13. Rügeschrift nach § 321 a ZPO

Dr. Bernhard Vordermayer 85221 Dachau, 20. 1. 2005
Rechtsanwalt Marktplatz 4

Rügeschrift nach § 321 a ZPO[1]

An das
Amtsgericht Dachau
– Zivilgericht –

In dem Rechtsstreit Max Merkel ./. Fritz Unterberger
Aktenzeichen 10 C 732/2004

stelle ich namens des Beklagten den **Antrag**
  I. Der Prozess vor dem Amtsgericht Dachau – Az. 10 C 732/2004 ist vor dem Amtsgericht Dachau fortzuführen.
  II. Die Zwangsvollstreckung aus dem Endurteil des Amtsgerichts Dachau vom 10. 1. 2005 in dem genannten Verfahren wird einstweilen eingestellt.

Begründung[2]

Mit Endurteil vom 10. 1. 2005 hat das Amtsgericht Dachau den Beklagten zur Zahlung von 500,- € an den Kläger verurteilt.
Dieses Urteil ist, wie sich aus den Entscheidungsgründen (S. 3, 4. Absatz) ergibt, auf die vom Kläger nach dem Schluss der mündlichen Verhandlung eingereichte Abtretungserklärung der Fa. Albatros GmbH. vom 10. 8. 2004 gestützt. Der Beklagte hatte keine Gelegenheit, zu dieser Urkunde Stellung zu nehmen. Hätte er dazu Gelegenheit gehabt, hätte er folgendes vorgetragen ... Das Gericht hätte dann voraussichtlich anders entschieden. Damit hat das Amtsgericht zu Lasten des Beklagten in entscheidungserheblicher Weise gegen das Gebot rechtlichen Gehörs (Art. 103 Abs. 1 GG) verstoßen.
Die Zwangsvollstreckung aus dem unter Verstoß gegen das Gebot rechtlichen Gehörs erlassenen Endurteil ist einstweilen einzustellen, § 321 a Abs. 6, § 707 Abs. 1 Satz 1, Abs. 2 ZPO.

Dr. Vordermayer
(Dr. Vordermayer)
Rechtsanwalt

Anmerkungen

1. Die Rügeschrift ist innerhalb einer Notfrist von 2 Wochen bei dem Gericht des ersten Rechtszugs einzureichen, § 321 a Abs. 2 ZPO. Diese Frist beginnt

Nr. 13

mit der Zustellung des in vollständiger Form abgefassten Urteils, sofern der wesentliche Inhalt der Entscheidung im Protokoll enthalten ist (§ 313a Abs. 1 Satz 2 ZPO) erst dann, wenn auch dieses Protokoll zugestellt ist. Ist die Rüge unzulässig, wird sie verworfen. Ist sie unbegründet, wird sie zurückgewiesen. Diese Entscheidungen ergehen durch einen kurz zu begründenden unanfechtbaren Beschluss (§ 321a Abs. 4 ZPO).

Ist die Rüge begründet, hilft ihr das Gericht ab und führt den Prozess, der in die Lage vor Schluss der mündlichen Verhandlung zurückversetzt ist, fort (§ 321a Abs. 5 ZPO).

Für die Fassung der erneuten Entscheidung gilt § 343 ZPO entsprechend (vgl. oben Nr. 12 Anm. 3 D (2) b, c, d).

2. Die Begründung **muss** enthalten
   - Die Bezeichnung des Prozesses, dessen Fortführung begehrt wird (§ 321a Abs. 2 Nr. 1 ZPO), am besten durch Angabe von Parteien, Gericht und Aktenzeichen,
   - Die Darlegung des Vorgangs, in dem die Verletzung rechtlichen Gehörs zu Lasten der Partei gesehen wird (§ 321a Abs. 2 Nr. 2 ZPO),
   - Die Darlegung der Entscheidungserheblichkeit dieses Vorgangs, am besten durch Zitat der entsprechenden Entscheidungsgründe (§ 321a Abs. 2 Nr. 2 ZPO) und Darlegung, was die Prozesspartei bei Gewährung rechtlichen Gehörs vorgetragen hätte.

Nr. 14. Prozessvergleich

Protokoll

aufgenommen in öffentlicher Sitzung der 5. Zivilkammer des Landgerichts München I
am Dienstag, den 20. 9. 2005

In dem Rechtsstreit

Annemarie Sterz, Prälatenweg 17, 82319 Starnberg
– Klägerin –
Prozessbevollmächtigter: Rechtsanwalt Roland Berger, Waldstr. 6a,
82205 Gilching

gegen

Hans Eichler Bau GmbH, gesetzlich vertreten durch den Geschäftsführer Georg Eichler, Geyerstr. 20, 80469 München
– Beklagte –
Prozessbevollmächtigte: Rechtsanwälte Bernd Hinteregger und Koll.,
Prinzregentenplatz 24, 81675 München

Gegenwärtig: *Gericht und Urkundsbeamtin der Geschäftsstelle* ......

Bei Aufruf der Sache sind erschienen:
die Klägerin mit Rechtsanwalt Berger,
der Geschäftsführer der Beklagten, Georg Eichler mit Rechtsanwalt Hinteregger.

Nach Erörterung der Sach- und Rechtslage schließen die Parteien folgenden

Vergleich

I. Die Beklagte verpflichtet sich, folgende Sanierungsarbeiten bezüglich der Asbestkontamination im Anwesen Brennerstr. 70 in München auf ihre Kosten vorzunehmen:
1. Reinigung und Sanierung des Dachbodens und der dort befindlichen Gegenstände.
2. Reinigung und Sanierung der gesamten Außenhaut des Hauses einschließlich Streichen mit einer hochwertigen Fassadenfarbe „Wetterhaut" der Firma Mango-Bär, Mindelheim, Farbe nach Wunsch der Klägerin.
3. Reinigung und Sanierung der Loggia (Ostseite) einschließlich der Rollladenkästen und der dortigen Decke.

Nr. 14

II. Die konkret hierzu erforderlichen Maßnahmen bestimmt verbindlich für beide Parteien ein Schiedsgutachter vor Beginn der Arbeiten.
Die Beklagte beginnt mit den Sanierungsarbeiten einen Monat nach Zugang des Schiedsgutachtens, soweit dem nicht die Witterung entgegensteht. Ob dies der Fall ist, bestimmt ebenfalls der Schiedsgutachter für beide Parteien verbindlich.

III. Dieser Schiedsgutachter stellt nach Abschluss der Sanierung für die Parteien verbindlich schriftlich fest, ob die Sanierung ordnungsgemäß durchgeführt worden ist.

IV. Zum Schiedsgutachter bestellen beide Parteien den für das Sachgebiet Asbestsanierung öffentlich bestellten und allgemein vereidigten Sachverständigen Dipl. Ing. G. Kössberg, Retzerstr. 84, 81241 München.
Sollte dieser die Übernahme dieser Aufgabe ablehnen, bestimmt die IHK München den Schiedsgutachter.

V. Die Klägerin zahlt an den Beklagten 15.000,- €, davon sind 10.000,- € fällig am 7. 10. 2005 und 5000,- € fällig mit der Bestätigung des Schiedsgutachters über die ordnungsgemäße Ausführung der Sanierung.

VI. Die Kosten des Rechtsstreits (einschließlich der Kosten dieses Vergleichs) werden gegeneinander aufgehoben.
Die Kosten und Auslagen des Schiedsgutachters tragen die Parteien je zur Hälfte.

VII. Mit Erfüllung dieses Vergleichs sind sämtliche etwaigen gegenseitigen Ansprüche der Parteien abgegolten und erledigt.

Vorgelesen und genehmigt

....
Vors. Richter am LG   Justizangestellte

Anmerkungen

Fall: Die Beklagte hatte nach einem Bauwerkvertrag an einem Gebäude der Klägerin in deren Auftrag unter anderem ein altes, mit Heraklitplatten gedecktes Dach zu säubern. Beim Wasserdruckstrahlen der Dachoberfläche lösten sich Asbestfasern und liefen mit der Schmutzbrühe außen an der Hausmauer herab, drangen aber auch durch die Spalten der Dachdeckung in den Dachboden und kontaminierten die dort lagernden Gegenstände (Kleidung, Bücher, Möbel usw.). Die Klägerin bezahlte daraufhin den vereinbarten Werklohn von 42.000,- € nicht und verlangte mit ihrer Klage von der Beklagten im Wege des Schadensersatzes die Mangelbeseitigung, d. h. die Beseitigung der Kontamination und die Kosten der sachgerechten Entsorgung.

1. Da der Prozessvergleich gemäß § 794 Abs. 1 Nr. 1 ZPO Vollstreckungstitel ist, muss er bestimmt, eindeutig und vollstreckungsfähig abgefasst werden – ähnlich einer Urteilsformel.

Nr. 14

2. Ausgangspunkt ist die Feststellung der eigentlichen beiderseitigen Interessen, um zu einer sachgerechten Regelung zu gelangen. Im zugrundeliegenden Fall war für die Klägerin wichtig, dass die Beseitigung der Kontamination wirklich fachgerecht erfolgte und darüber eine qualifizierte Bestätigung eines Sachverständigen erteilt wurde, die sie selbst vor Gesundheitsrisiken schützte und einem eventuellen Käufer vorgelegt werden konnte. Mit ihrer Klage konnte sie eine solche Bestätigung nicht erlangen, allenfalls eine solche der Beklagten, zu der sie aber gerade kein Vertrauen mehr hatte. Beide Parteien hatten keine präzisen Vorstellungen, was im Einzelnen zur Sanierung nötig war und was dies kosten würde. Ein langer Rechtsstreit durch die Instanzen mit diversen kostenintensiven Gutachten war abzusehen, zumal einerseits der Werklohn der Beklagten noch offen stand, andererseits die Klägerin nicht wusste, in welchem Umfang die Gegenstände kontaminiert waren, wie sich dies beseitigen lassen würde und was gegebenenfalls eine ökologisch richtige Entsorgung kosten würde.

3. Im Vergleich ist zu regeln:
Die Hauptsache, hier also die Nacherfüllung (Mangelbeseitigung) und die Werklohnforderung, die gegen Schadenersatzansprüche der Klägerin zu verrechnen wäre.
Die Sicherstellung richtiger Sanierung, hier durch einen Schiedsgutachter. Dessen Auswahl und Ersatzbestellung. Die Frage der Kosten und Auslagen des Schiedsgutachtens.
Etwaige Zahlungspflichten der Parteien samt Fälligkeit.
Die Verteilung der Kosten des Rechtsstreits (zur Klarstellung incl. der Vergleichskosten).
Der Umfang der Abgeltung (hier besonders wichtig wegen der durchaus möglichen weiteren Ansprüche auf Werklohn oder einer zeitweisen Unbewohnbarkeit des Hauses).

4. Der Vermerk „vorgelesen und genehmigt" folgt aus § 160 Abs. 3 Nr. 1, § 162 ZPO.

5. Bei einem **Ratenzahlungsvergleich** ist zu regeln:
Der Gesamtbetrag, die Höhe der Raten und deren Fälligkeit, eine Verfallklausel, die Art der Zahlung und Bestimmungen über deren Rechtzeitigkeit, der Umfang der Abgeltung, die Bestimmung, wer die Kosten des Rechtsstreits trägt und wie diese im Verhältnis zu den Ratenzahlungen zu begleichen sind.
Also z. B.:
   I. Der Beklagte zahlt an den Kläger 50.000,- €, und zwar in monatlichen Raten von 5000,- €, fällig jeweils am 10. eines Monats, erstmals am 10. 2. 2005.
   Bleibt der Beklagte mit einer Rate mehr als eine Woche im Rückstand, wird der gesamte dann noch offene Restbetrag zur sofortigen Zahlung fällig. Er ist dann mit 8% p. a. zu verzinsen.
   II. Die Zahlungen haben zu Händen des Prozessbevollmächtigten des Klägers, der Inkassovollmacht hat, zu erfolgen. Für die Rechtzeitigkeit der Zahlung ist der Zahlungseingang bei diesem maßgebend.
   III. Mit Erfüllung dieses Vergleichs sind die streitgegenständlichen Ansprüche des Klägers abgegolten und erledigt.
   IV. Von den Kosten des Rechtsstreits trägt der Kläger 12%, der Beklagte 88%. Den Kostenerstattungsbetrag zahlt der Beklagte im Anschluss an die Hauptsache.

Vorgelesen und genehmigt

Nr. 14

6. Nach § 278 Abs. 6 Satz 2 ZPO kann ein gerichtlicher Vergleich auch dadurch geschlossen werden, dass beide Parteien einen schriftlichen Vergleichsvorschlag des Gerichts durch Schriftsatz gegenüber dem Gericht annehmen. Das Gericht stellt dann das Zustandekommen und den Inhalt des Vergleichs durch Beschluss fest:

„Beschluss
des Landgerichts Landshut – 3. Zivilkammer – vom ......
in dem Rechtsstreit

folgt vollständige Parteibezeichnung wie beim Urteil (der Beschluss ist ein Vollstreckungstitel, § 794 Abs. 1 Nr. 1 ZPO)

Es wird festgestellt, dass die Parteien durch Schriftsatz vom ...... und vom ...... folgenden gerichtlichen Vergleichsvorschlag angenommen haben:
folgt Wortlaut des Vergleichs

Unterschrift der 3 Richter der Kammer oder des Einzelrichters

c) Rechtsmittelverfahren

Nr. 15. Berufungsschrift

Dr. Regina Müller-Leitner   94032 Passau, 17. 2. 2005
Rechtsanwältin   Nibelungenstr. 23

An das
Landgericht Passau[1]
– Zivilkammer –

In Sachen
Kurt W a g n e r, Webergasse 23, 94032 Passau,
– Kläger und Berufungsbeklagter –
Prozessbevollmächtigter: Rechtsanwalt Max Weiß, Augustinergasse 1,
     94032 Passau,

gegen

Dieter F i s c h e r, Hauptstraße 5, 94116 Hutthurm,
– Beklagter und Berufungskläger –
Prozessbevollmächtigter 1. Instanz: Rechtsanwalt Dr. Jörg Hausmann,
     Innstr. 4, 94032 Passau,

wegen Werklieferung

lege ich namens des Beklagten und Berufungsklägers gegen das in beglaubigter Abschrift beigefügte[2] Endurteil des Amtsgerichts Passau vom 25. 1. 2005 – 2 C 123/04 –, zugestellt am 2. 2. 2005,

Berufung[3]

zum Landgericht Passau ein.

Müller-Leitner
(Dr. Müller-Leitner)
Rechtsanwältin

Anmerkungen

1. Adressat ist stets das Berufungsgericht, § 519 Abs. 1 ZPO.
2. Nach § 519 Abs. 3 ZPO soll eine Ausfertigung oder beglaubigte Abschrift des angefochtenen Urteils beigefügt werden.
3. Gegen amtsgerichtliche Endurteile ist die Berufung nur zulässig, wenn der Wert des Beschwerdegegenstandes 600 € übersteigt oder das Amtsgericht die Berufung im Urteil zugelassen hat (§ 511 Abs. 2 ZPO).

Nr. 16

Nr. 16. Berufungsbegründung

Dr. Regina Müller-Leitner 94032 Passau, 13. 3. 2005
Rechtsanwältin Nibelungenstr. 23

An das
Landgericht Passau
– Zivilkammer –

Berufungsbegründung

in Sachen Wagner . /. Fischer
1 S 138/05
zu AG Passau – 2 C 123/04 –

Beschwerdewert[1]: 2875,- €
In vorbezeichneter Sache stelle ich den Antrag[2]:
 I. Das Urteil des Amtsgerichts Passau vom 25. 01. 2005 wird aufgehoben.
 II. Die Klage wird abgewiesen.
 III. Der Kläger hat die Kosten beider Rechtszüge zu tragen.
Mit einer Übertragung der Entscheidung auf den Einzelrichter besteht Einverständnis.[3]

Begründung:

Die Begründung **muss** enthalten:
– Bezeichnung der Umstände, aus denen sich die Rechtsverletzung und deren Erheblichkeit für die angefochtene Entscheidung ergibt (vgl. § 520 Abs. 3 Satz 2 Nr. 2 ZPO), z.B. welche Rechtsnorm wegen eines Interpretations- oder Subsumtionsfehlers unrichtig angewendet worden ist und weshalb das angefochtene Urteil auf diesem Fehler beruht.
– Bezeichnung konkreter Anhaltspunkte, die Zweifel[4] an der Richtigkeit oder Vollständigkeit der Tatsachenfeststellungen im angefochtenen Urteil begründen und deshalb eine erneute Feststellung gebieten (vgl. § 520 Abs. 3 Satz 2 Nr. 3 ZPO), z.B. Übergehen von Beweisangeboten, Nichtausschöpfung der Beweismittel, Verkennung der Beweislast, bloße Vermutungen, Verstoß gegen Denkgesetze oder Erfahrungssätze, lückenhafte Erwägungen, widersprüchliche oder sonst unzureichende Beweiswürdigung, Feststellungen entgegen gerichtsbekannten Tatsachen.
Will der Berufungskläger die Wiederholung der erstinstanziellen Beweisaufnahme vor dem Berufungsgericht erreichen, ist ein entsprechender Antrag in der Berufungsbegründung ausdrücklich zu stellen.

Nr. 16

– Bezeichnung der neuen Angriffs- und Verteidigungsmittel sowie der Tatsachen, aufgrund derer die neuen Angriffs- und Verteidigungsmittel nach § 531 Abs. 2 zuzulassen sind, weil sie (1) einen Gesichtspunkt betreffen, der vom Gericht des ersten Rechtszugs erkennbar übersehen oder für unerheblich gehalten worden ist, (2) infolge eines Verfahrensmangels[5] im ersten Rechtszug nicht geltend gemacht wurden oder (3) im ersten Rechtszug nicht geltend gemacht worden sind, ohne dass dies auf einer Nachlässigkeit[6] der Partei beruht.

Müller-Leitner
(Dr. Müller-Leitner)
Rechtsanwältin

Anmerkungen

1. Vgl. § 520 Abs. 4 Nr. 1 ZPO.

2. Vgl. § 520 Abs. 3 Satz 2 Nr. 1 ZPO.

3. Vgl. § 520 Abs. 4 Nr. 2, § 526 ZPO.

4. Es genügen vernünftige Zweifel, d.h. eine gewisse Wahrscheinlichkeit dafür, dass im Fall der Beweiserhebung die erstinstanzielle Feststellung keinen Bestand haben wird.

5. Als solcher Verfahrensmangel wird insbesondere eine Verletzung der gerichtlichen Hinweispflicht nach § 139 ZPO in Betracht kommen. Nach § 139 Abs. 4 ZPO kann die Erteilung des Hinweises nur durch den Inhalt der Akten bewiesen werden. Enthalten die Akten dazu nichts, gilt ein Hinweis als nicht erteilt, es sei denn es gelingt der Nachweis der Fälschung.
Ferner kommt insoweit als Verfahrensmangel in Betracht, dass das Erstgericht dem Berufungskläger nach einem Hinweis gemäß § 139 ZPO keine hinreichende Frist zur Äußerung gewährt hat (§ 139 Abs. 5 ZPO).

6. Die Entschuldigungsgründe, warum nicht einmal einfache Fahrlässigkeit vorliegt, sind näher darzulegen und die Tatsachen hierfür auf Verlangen des Berufungsgerichts glaubhaft zu machen, z.B., dass die neuen Tatsachen oder die neuen Angriffs- und Verteidigungsmittel erst nach Schluss der mündlichen Verhandlung erster Instanz entstanden sind.

Nr. 17

Nr. 17. Berufungsurteil

Oberlandesgericht München
Az: 5 U 4137/05
22 O 31.077/04 LG München I

Im Namen des Volkes

In dem Rechtsstreit

Kurt Schell, Bergstr. 27, 82362 Weilheim,
– Kläger und Berufungsbeklagter –
Prozessbevollmächtigter: Rechtsanwalt Dr. Hubert Meier, Neuhauserstr. 20, 80331 München,

gegen

Georg Wimmer, Ludwigstr. 39, 80539 München,
– Beklagter und Berufungskläger –
Prozessbevollmächtigter: Rechtsanwalt Dr. Kurt Hermann, Sophienstr. 7, 80333 München,

wegen Kaufpreisforderung

erlässt das Oberlandesgericht München, 5. Zivilsenat, durch den Vorsitzenden Richter am Oberlandesgericht Dr. Kraft und die Richter am Oberlandesgericht Hinz und Mühlmann (*oder:* Richter am Oberlandesgericht Hinz als Einzelrichter) auf Grund der mündlichen Verhandlung vom 10. 4. 2005 (*oder:* im schriftlichen Verfahren, in dem Schriftsätze bis zum 10. 4. 2005 eingereicht werden konnten; *oder:* nach Lage der Akten am 10. 4. 2005) folgendes

Endurteil:[1,2]

I. Die Berufung des Beklagten gegen das Endurteil des Landgerichts München I vom 4. 10. 2004 wird zurückgewiesen[3].
II. Der Beklagte hat die Kosten des Berufungsverfahrens zu tragen.
III. Die Revision zum Bundesgerichtshof wird zugelassen.[4]
IV. Das Urteil ist vorläufig vollstreckbar; der Beklagte kann die Vollstreckung gegen Sicherheitsleistung von ... € abwenden, wenn nicht der Kläger vor der Vollstreckung Sicherheit in gleicher Höhe leistet *(vgl. §§ 708 Nr. 10, 711 ZPO)*.[5]

Nr. 17

Gründe:

Anstelle von Tatbestand und Entscheidungsgründen enthält das Berufungsurteil gemäß § 540 ZPO:
1. Die Bezugnahme auf die tatsächlichen Feststellungen im angefochtenen Urteil mit Darstellung etwaiger Änderungen oder Ergänzungen. Schon im Hinblick auf das rechtliche Gehör und die Überprüfungsmöglichkeit des Revisionsgerichts nach Revision oder Nichtzulassungsbeschwerde wird dabei auch darauf einzugehen sein, aus welchen Gründen das Berufungsgericht neue Angriffs- und Verteidigungsmittel nicht zugelassen hat (vgl. § 531 ZPO).
2. Eine „kurze Begründung für die Abänderung, Aufhebung oder Bestätigung der angefochtenen Entscheidung". Auch hier wird Art. 103 Abs. 1 GG, wonach das Vorbringen der Prozessparteien ernstgenommen und entsprechend gewürdigt werden muss, allzu großer Kürze entgegenstehen.
Ferner sind, auch wenn das Gesetz dies nicht ausdrücklich nennt, die Kostenentscheidung, die Entscheidung über die vorläufige Vollstreckbarkeit und die Zulassung oder Nichtzulassung der Revision im Urteil kurz zu begründen.

Kraft	*Hinz*	*Mühlmann*
(Dr. Kraft)	(Hinz)	(Mühlmann)
Vors. Richter	Richter	
	am Oberlandesgericht	

oder
Hinz
(Hinz)
Richter am
Oberlandesgericht

Anmerkungen

1. Das Berufungsgericht kann gemäß § 522 Abs. 2 ZPO die Berufung durch **einstimmigen Beschluss** unverzüglich zurückweisen, wenn es davon überzeugt ist, dass (1) die Berufung keine Aussicht auf Erfolg hat, (2) die Rechtssache keine grundsätzliche Bedeutung hat und (3) die Fortbildung des Rechts oder die Sicherung einer einheitlichen Rechtsprechung eine Entscheidung des Berufungsgerichts nicht erfordert.
Zuvor muss das Gericht oder dessen Vorsitzender die Parteien auf die beabsichtigte Zurückweisung der Berufung und die Gründe hierfür hinweisen und dem Berufungsführer eine Frist zur Stellungnahme gewähren.
Der Zurückweisungsbeschluss ist zu begründen. Er ist nicht anfechtbar (§ 522 Abs. 3 ZPO). Sollten allerdings die Hinweise vor der Zurückweisung unzureichend oder die Frist zur Stellungnahme nicht oder zu kurz gewährt oder eine eingegangene Stellungnahme (etwa wegen des innergerichtlichen Ge-

Nr. 17

schäftsgangs) nicht berücksichtigt worden sein, wird eine Verfassungsbeschwerde wegen Verletzung des rechtlichen Gehörs (Art. 103 Abs. 1 GG) in Betracht kommen.

2. **Beispiele für Urteilsformeln**
Seit der Neufassung der ZPO zum 1. 1. 2002 ist zwischen Berufungsurteilen der Landgerichte und der Oberlandesgerichte bezüglich der Urteilsformel kein Unterschied.
   a) Die Berufung ist unbegründet und das Gericht verfährt nicht nach § 522 Abs. 2 ZPO:
   I. Die Berufung des Klägers gegen das Urteil des Landgerichts Mannheim vom 11. 10. 2004 wird zurückgewiesen.
   II. Der Kläger hat die Kosten des Berufungsverfahrens zu tragen.
   III. Die Revision wird nicht zugelassen.
   IV. Das Urteil ist vorläufig vollstreckbar. Dem Kläger wird gestattet ...
   (vgl. § 708 Nr. 10, § 711 ZPO)
   b) Die Berufung ist begründet:
   Die Urteilsformel besteht hier aus einer aufhebenden Entscheidung und aus einer Zurückverweisung oder einer ersetzenden Entscheidung.
   Fall des § 538 Abs. 2 ZPO:
   I. Auf die Berufung des Klägers wird das Urteil des Landgerichts Deggendorf vom 12. 4. 2004 samt dem ihm zugrundeliegenden Verfahren aufgehoben.
   II. Die Sache wird zur anderweitigen Verhandlung und Entscheidung – auch über die Kosten des Berufungsverfahrens – an das Landgericht Deggendorf zurückverwiesen.
   III. Die Revision wird nicht zugelassen
   IV. Das Urteil ist vorläufig vollstreckbar *(wegen § 775 Nr. 1 ZPO; vgl. BGH JZ 1977, 232, 233 u. OLG München MDR 1982, 238).*
   Oder:
   I. Auf die Berufung des Beklagten wird das Urteil des Landgerichts Deggendorf vom 12. 1. 2004 aufgehoben.
   II. Die Klage wird abgewiesen.
   III. Der Kläger hat die Kosten beider Rechtszüge zu tragen.
   IV. Die Revision wird nicht zugelassen.
   V. Das Urteil ist vorläufig vollstreckbar. Der Kläger kann ... *(vgl. §§ 708 Nr. 10, 711 ZPO)*
   c) Die Berufung ist teilweise begründet:
   Fall: Der Kläger hatte 15.000,- € begehrt. Das Landgericht sprach ihm 10.000,- € zu und wies die Klage im Übrigen ab. Mit Berufung begehrt der Kläger weitere 5000,- €, obsiegt aber nur bezüglich weiterer 2500,- €:
   I. Auf die Berufung des Klägers wird das Urteil des Landgerichts ... vom ... in Ziffer I dahin abgeändert, dass der Beklagte an den Kläger 12.500,- € (i. W. zwölftausendfünfhundert €) zu zahlen hat und die Klage im Übrigen abgewiesen wird.
   Im Übrigen wird die Berufung des Klägers zurückgewiesen.
   II. Die Kostenentscheidung des angefochtenen Urteils wird aufgehoben. Von den Kosten des 1. Rechtszugs trägt der Kläger $^1/_6$, der Beklagte $^5/_6$. Die Kosten des Berufungsverfahrens tragen Kläger und Bekl. je zur Hälfte (oder: werden gegeneinander aufgehoben).
   III. Die Revision wird nicht zugelassen.
   IV. Das Urteil ist vorläufig vollstreckbar. Der Kläger kann ...; der Beklagte kann ... *(Vgl. §§ 708 Nr. 10, 711 ZPO).*

3. **Unzulässige** Berufungen werden „als unzulässig verworfen", § 522 Abs. 1 Satz 2 ZPO, und zwar durch Beschluss, gegen den Rechtsbeschwerde zum Revisionsgericht stattfindet, § 522 Abs. 1 Satz 4, § 574 Abs. 1 ZPO.

4. Zulassung der Revision:
Vgl. § 543 Abs. 2 ZPO.
Es empfiehlt sich, die Nichtzulassung der Revision in die Urteilsformel aufzunehmen und in den Entscheidungsgründen im Hinblick auf die Nichtzulassungsbeschwerde (§ 544 ZPO) näher zu begründen.

5. Gemäß § 711 Satz 2 ZPO kann bei Geldforderungen auch formuliert werden: „Das Urteil ist vorläufig vollstreckbar; der Beklagte kann die Vollstreckung durch Sicherheitsleistung in Höhe von 115% des zu vollstreckenden Betrages abwenden, wenn nicht der Kläger vor der Vollstreckung Sicherheit in gleicher Höhe leistet."

Nr. 18

Nr. 18. Nichtzulassungsbeschwerde

Dr. Quirin Mayer
Rechtsanwalt
beim Bundesgerichtshof

76131 Karlsruhe, 20. 2. 2005
Schloßplatz 25

An den
Bundesgerichtshof
– Zivilsachen –

In dem Rechtsstreit

Margarethe Beinhardt, Wasserburger Landstrasse 10, 85604 Zorneding
– Klägerin und Beschwerdegegenerin –
Prozessbevollmächtigter: Rechtsanwalt Dr. Wilhelm Stolz,
Sophienstr. 3, 80333 München

gegen

Fa. Moderner Wohnbau GmbH, ges. vertr. durch den Geschäftsführer Siegfried Hammer, Klostergasse 10, 85560 Ebersberg
– Beklagte und Beschwerdeführer –
Prozessbevollmächtigter im Berufungsverfahren: Rechtsanwalt Kilian Huber, Anzinger Str. 1, 85560 Ebersberg

lege ich hiermit namens und im Auftrag der Beklagten wegen der Nichtzulassung der Revision in dem Endurteil des Oberlandesgerichts München – 15. Zivilsenat – vom 2. 2. 2005 (Aktenzeichen: 15 U 1023/05), zugestellt am 10. 2. 2005,

Nichtzulassungsbeschwerde[1]

ein.

Ich beantrage,

die Revision gegen das Endurteil des Oberlandesgerichts München – 15. Zivilsenat – vom 2. 2. 2005 zuzulassen.[2]

Begründung[3]

I.

Kurze Darstellung des Streitstands und der Entscheidung des Berufungsgerichts.

II.

Das Oberlandesgericht München hat in dem genannten Berufungsurteil die Revision zu Unrecht nicht zugelassen. Die Zulassungsgründe des § 543 Abs. 2 ZPO liegen vor:
Die Rechtssache hat grundsätzliche Bedeutung, weil ... *folgen entsprechende Ausführungen, aus welchen Gründen welche die Entscheidung bestimmende Rechtsfrage eine über den Einzelfall hinausgehende grundsätzliche Bedeutung hat, da sie einen größeren Personenkreis betrifft.*
Ferner ist eine Entscheidung des Revisionsgerichts zur Sicherung einer einheitlichen Rechtsprechung erforderlich, weil ... *folgen entsprechende Ausführungen, z.B. mit welcher die Entscheidung tragenden Begründung das Berufungsgericht von einer Entscheidung des BGH oder eines anderen Oberlandesgerichts abgewichen ist oder welche Fehler es materiell oder formell bei der Anwendung revisiblen Rechts begangen hat, die von solchem Gewicht sind, dass sie geeignet sind, das Vertrauen in die Rechtsprechung zu beschädigen.*
Oder: Die Fortbildung des Rechts erfordert eine Entscheidung des Revisionsgerichts, weil ... *folgen entsprechende Ausführungen, z.B. dass eine näher dargelegte Gesetzeslücke durch höchstrichterliche Rechtsprechung geschlossen werden müsse.*
Eine beglaubigte Abschrift des Urteils, gegen das die Revision eingelegt werden soll, ist beigefügt.

Dr. Quirin Mayer
(Dr. Quirin Mayer)
Rechtsanwalt

Anmerkungen

1. Zur Form und Frist vgl. § 544 ZPO. Adressat ist stets der Bundesgerichtshof. Das gilt nach der Neufassung des § 7 Abs. 2 EGZPO seit 1. 1. 2002 auch bei Urteilen bayerischer Berufungsgerichte.
Beachte: Gemäß § 26 Nr. 8 EGZPO ist die Nichtzulassungsbeschwerde bis einschließlich 31. 12. 2006 nur zulässig, wenn der Wert der mit der Revision geltend zu machenden Beschwerde 20.000,- € übersteigt. Bis zu diesem Zeitpunkt dürften Nichtzulassungsbeschwerden gegen landgerichtliche Berufungsurteile nur selten zulässig sein, weil das Landgericht bei Streitigkeiten über Ansprüche, deren Gegenstand an Geld oder Geldeswert die Summe von 5000,- € übersteigt, erstinstanzlich zuständig ist (§ 23 Nr. 1 GVG).

2. Wird der Beschwerde gegen die Nichtzulassung der Revision stattgegeben, so wird das Beschwerdeverfahren als Revisionsverfahren fortgesetzt, § 544 Abs. 6 ZPO. Die form- und fristgerechte Einlegung der Nichtzulassungsbeschwerde gilt dann als Einlegung der Revision. Mit der Zustellung der Entscheidung des

Nr. 18

Revisionsgerichts über die Nichtzulassungsbeschwerde beginnt die Revisionsbegründungsfrist, § 544 Abs. 6 Satz 3 ZPO.

3. Die Nichtzulassungsbeschwerde **muss** begründet werden, entweder bereits zugleich mit der Einlegung oder in einem gesonderten Schriftsatz spätestens innerhalb 2 Monaten ab Zustellung des in vollständiger Form abgefaßten Berufungsurteils.
In der Begründung **müssen** die Zulassungsgründe des § 543 Abs. 2 ZPO dargelegt werden, § 544 Abs. 2 Satz 3 ZPO.

Nr. 19. Revisionsschrift mit Begründung

Dr. Karl Schmidt 76185 Karlsruhe, 2. 3. 2005
Rechtsanwalt Rheinstraße 47
beim Bundesgerichtshof

An den
Bundesgerichtshof
– Zivilsachen –

In Sachen

Fa. Standard AG., gesetzlich vertreten durch ihren Vorstand Dr. Anselm Kurz, Hamburger Straße 3, 28205 Bremen,
– Klägerin und Revisionsbeklagte –
Prozessbevollmächtigter 2. Instanz: Rechtsanwalt Heinz Neumann,
Lange Str. 27, 28195 Bremen,

gegen

Hans-Georg Kaufmann, Hofstr. 2, 28719 Bremen,
– Beklagter und Revisionskläger –
Prozessbevollmächtigter 2. Instanz: Rechtsanwalt Dr. Manfred Groß,
Bahnhofstr. 11, 28195 Bremen,

wegen Kaufpreisforderung

lege ich namens des Beklagten und Revisionsklägers gegen das in beglaubigter Abschrift beigefügte Endurteil des Oberlandesgerichts Bremen vom 28. 1. 2005 – 2 U 389/04, zugestellt am 12. 2. 2005, in dem die Revision zugelassen worden ist,

Revision

zum Bundesgerichtshof ein.

Ich beantrage:[1,2]
  I. Das Urteil des Oberlandesgerichts Bremen vom 28. 1. 2005 wird aufgehoben.
  II. Die Berufung der Klägerin gegen das Urteil des Landgerichts Bremen vom 16. 12. 2003 wird zurückgewiesen.

Begründung:

I. Ich rüge die Verletzung formellen Rechts:
Hier sind Verfahrensverstöße jeweils in folgender Reihenfolge darzulegen (§ 551 Abs. 3 Nr. 2b ZPO):

Nr. 19

    a) Angabe der prozessualen Tatsache, die einen Verfahrensverstoß begründet,
    b) Angabe des Gesetzes, d.h. eine möglichst genaue Bezeichnung des prozessualen Rechtssatzes seinem Gegenstand nach, gegen das im Prozess verstoßen wurde,
    c) Angabe der Kausalität (§ 545 Abs. 1 ZPO). Eine Begründung der Kausalität ist im Falle des § 547 ZPO (sog. absolute Revisionsgründe) nicht erforderlich, da das Gesetz insoweit eine unwiderlegliche Vermutung der Kausalität enthält.
  II. Ich rüge ferner die Verletzung materiellen Rechts:
    Hier bedarf es der bestimmten Bezeichnung der Umstände, aus denen sich die Rechtsverletzung ergibt, und zwar in konkreter Auseinandersetzung mit den Gründen des Berufungsurteils (§ 551 Abs. 3 Satz 1 Nr. 2a ZPO). Ferner muss dargelegt werden, dass das angefochtene Urteil auf dieser Rechtsverletzung beruht.
    Im Gegensatz zu § 554 Abs. 3 Nr. 3a ZPO a.F. ist es zwar nicht mehr erforderlich, die verletzte Rechtsnorm möglichst bestimmt und genau zu bezeichnen, etwa durch die §-Zahl, gleichwohl sind zielgerichtete Rechtsausführungen zur konkreten Rechtsverletzung in Revisionsbegründungen eine Selbstverständlichkeit.

Schmidt
(Dr. Schmidt)
Rechtsanwalt

Anmerkungen

1. Revisionsanträge, d.h. die Erklärung, inwieweit das Urteil angefochten und dessen Aufhebung beantragt werde, sind **zwingend erforderlich** (§ 551 Abs. 3 Satz 1 Nr. 1 ZPO).
2. Beispiele für Revisionsanträge
    I. Das Urteil des Oberlandesgerichts Bremen vom 28. 1. 2005 wird aufgehoben.
    II. Die Sache wird zur anderweitigen Verhandlung und Entscheidung an das Berufungsgericht zurückverwiesen.
    Oder:
    I. Das Urteil des Landgerichts Bremen vom 16. 12. 2003 und das Urteil des Oberlandesgerichts Bremen vom 28. 1. 2005 werden aufgehoben.
    II. Die Klage wird abgewiesen.

II. Arbeitsgerichtsbarkeit

Nr. 20. Arbeitsgerichtsurteil[1]

Arbeitsgericht Hannover
Az: 3 Ca 157/05

Im Namen des Volkes

Urteil

In dem Rechtsstreit

Georg Lermer, kaufmännischer Angestellter, Waldhausenstr. 11, 30519 Hannover,
– Kläger –

Prozessbevollmächtigte:[2] Rechtsanwälte Dres. Herbert Hertel und Richard Jäger, Müllerstr. 21, 30179 Hannover,

gegen

Jakob Kalter, Kaufmann, Schlossplatz. 19, 30159 Hannover,
– Beklagter –

Prozessbevollmächtigter:[2] Rechtsanwalt Dr. Hans Neuer, Goetheplatz 2, 30169 Hannover,

wegen

Feststellung u. a.

hat das Arbeitsgericht Hannover, 3. Kammer, durch Richter am Arbeitsgericht Schneider als Vorsitzenden und die ehrenamtlichen Richter Seydel und Wimmer auf Grund der mündlichen Verhandlung vom 7. April 2005 für Recht erkannt:[3]
I. Es wird festgestellt, dass das Arbeitsverhältnis durch die Kündigung vom 25. Januar 2005 nicht aufgelöst ist.
II. Der Beklagte wird verurteilt, an den Kläger 2800,– € nebst 8,5% Zinsen hieraus seit dem 1. Mai 2005 zu zahlen.
III. Der Beklagte trägt die Kosten des Rechtsstreits.
IV. Der Wert des Streitgegenstandes wird auf 8400,– € festgesetzt.

Tatbestand:[4]

– *Unstreitiger Sachverhalt*
– *Bestrittene Tatsachenbehauptungen des Klägers*
– *Prozessgeschichte, soweit sie die Anträge der Parteien beeinflusst hat*

Nr. 20

- *Die zuletzt gestellten Anträge des Klägers und des Beklagten (hervorheben!)*
- *Verteidigungsvorbringen des Beklagten*
- *Evtl. Widerklageantrag und Antrag des Widerbeklagten*
- *Erwiderungen des Klägers und des Beklagten*
- *Prozessgeschichte, soweit sie noch für die Entscheidung erheblich ist*

Entscheidungsgründe:[4]

1. *Zulässigkeit*
   a) Rechtswegzuständigkeit (§§ 2 ff. ArbGG)
   b) örtliche Zuständigkeit (§ 46 Abs. 2. S. 1 ArbGG, §§ 12 ff. ZPO)
   c) ordnungsmäßige Klageerhebung (§ 46 Abs. 2, 1 ArbGG, § 253 Abs. 2 ZPO)
   d) Rechtsschutzbedürfnis u. a.
2. *Begründetheit*
3. *Kostenentscheidung (§ 46 Abs. 2 ArbGG, §§ 91 ff. ZPO)*
4. *Streitwertfestsetzung (§§ 61 Abs. 1, 12 Abs. 7, 46 Abs. 2 ArbGG, §§ 3,5 ZPO)*
5. *Rechtsmittelbelehrung (vgl. § 9 Abs. 5 ArbGG).*

Schneider
(Schneider)
Richter am Arbeitsgericht[5]

Anmerkungen

1. Beachte, ob statt des Urteilsverfahrens nicht das Beschlussverfahren in Betracht kommt, §§ 2a, 80 ff. ArbGG.
2. Treten als Prozessbevollmächtigte gem. § 11 Abs. 1 ArbGG Vertreter von Gewerkschaften oder Arbeitgeberverbänden auf, so lautet die Bezeichnung im Rubrum z. B.:
   „Prozessbevollmächtigter: Gewerkschaftssekretär Hans Wagner,
   Bahnhofstr. 2, 30159 Hannover".
3. Beispiele für die Fassung des Tenors:
   I. Es wird festgestellt, dass die Kündigung vom 6. 5. 2004 als fristlose Kündigung rechtsunwirksam ist, jedoch als ordentliche Kündigung wirkt und als solche das Arbeitsverhältnis zum 30. 10. 2004 beendet.
   II. Im Übrigen wird die Klage abgewiesen.
   III. ...
   IV. ...
   Oder:
   I. Es wird festgestellt, dass die Kündigung vom 6. 5. 2004 nichtig ist.
   II. ...
   III. ...
4. Zum Tatbestand und den Entscheidungsgründen vgl. § 46 Abs. 2 Satz 1 ArbGG in Verb. mit § 313 Abs. 2 und 3 ZPO.
5. Ein Berufungsurteil des Landesarbeitsgerichts ist vom Berufsrichter und den beiden Beisitzern zu unterschreiben (vgl. § 69 Abs. 1 ArbGG).

Nr. 21

Zweiter Abschnitt. Freiwillige Gerichtsbarkeit

a) Erstentscheidung

Nr. 21. Beschluss des Vormundschaftsgerichts

hier: Anordnung der Betreuung (§ 1896 BGB, § 69 FGG)

Amtsgericht München	80097 München, den 21. 3. 2005
– Vormundschaftsgericht –	Linprunstr. 22
Az: 702 XVII 420/05	Zur Geschäftsstelle gelangt
	21. 3. 2005, 11.30 Uhr[1]
	Lanzl Justizsekretärin

Beschluss

über die Bestellung eines Betreuers
in dem Betreuungsverfahren

für Renate Windbacher, geboren am 13. 8. 1918,
Reisingerstr. 17, 82031 Grünwald,
– Betroffene –
evtl. Verfahrensbevollmächtigter ....
evtl. Pfleger(in) für das Verfahren[2] ....
wird
Herr Hans-Georg Mahler, Burgstr. 25, 82031 Grünwald,
zum Betreuer bestellt.

Als Aufgabenkreis[3] wird bestimmt:
– Fürsorge für eine Heilbehandlung,
– Vertretung bei Miet- und Wohnungsangelegenheiten
– Vertretung in Renten- und Sozialhilfeangelegenheiten.

Das Gericht wird bis spätestens zum 1. 7. 2007 über eine Aufhebung oder Verlängerung der Betreuung beschließen.[4]

Die Entscheidung ist sofort wirksam.[5]

Gründe[6]

Der Betroffenen ist ein Betreuer mit dem oben angegebenen Aufgabenkreis zu bestellen, weil sie auf Grund einer der in § 1896 Abs. 1 Satz 1 BGB aufgeführten Krankheiten bzw. Behinderungen, nämlich ... *folgt nähere Bezeichnung*, z.B. weit fortgeschrittener Arteriosklerose mit er-

Nr. 21

heblicher Beeinträchtigung der Einsichtsfähigkeit ... nicht mehr in der Lage ist, diese Angelegenheiten selbst zu besorgen. Dies folgt – wie im Schlussgespräch[7] ausführlich erörtert wurde – aus den gerichtlichen Ermittlungen, insbesondere aus dem Gutachten des Sachverständigen Dr. Anton Moser[8] und dem unmittelbaren Eindruck des Gerichts anlässlich der Anhörung der Betroffenen[9] vom 16. 3. 2005 in ihrer üblichen Umgebung ... *Folgen nähere Ausführungen dazu und die Angabe, ob die Betroffene die Betreuung selbst beantragt hat oder doch zumindest mit ihr einverstanden ist oder sie ablehnt.*...

Bei der Auswahl des Betreuers hat sich das Gericht von folgenden Erwägungen leiten lassen: ... *folgen Ausführungen, ob die Betroffene einen Vorschlag gemacht hat, sowie zur Eignung und Bereitschaft des Betreuers für den Aufgabenkreis* ...

Bei der Festsetzung der Frist für die Entscheidung über eine Aufhebung oder Verlängerung der Betreuung (§ 69 Abs. 1 Nr. 5 FGG) ist das Gericht dem ärztlichen Gutachten gefolgt.

Die Anordnung der sofortigen Wirksamkeit beruht auf § 69a Abs. 3 Satz 2 FGG.

Diese Entscheidung (ohne Gründe) wurde der Betreuungsstelle der Landeshauptstadt München mitgeteilt.[10]

Rechtsmittelbelehrung[11]

Gegen diesen Beschluss ist die Beschwerde zulässig. Sie ist beim Amtsgericht München oder bei dem Landgericht München I durch Einreichung einer Beschwerdeschrift oder durch Erklärung zu Protokoll der Geschäftsstelle einzulegen. Die Beschwerde kann auch zu Protokoll der Geschäftsstelle eines anderen Amtsgerichts erklärt werden.

Dr. Kirchler
(Dr. Kirchler)
Richter am Amtsgericht

Anmerkungen

1. Die Entscheidung wird grundsätzlich mit der Bekanntgabe an den Betreuer wirksam (§ 69a Abs. 3 Satz 1 FGG); bei Anordnung der sofortigen Wirksamkeit ist die Übergabe des Beschlusses an die Geschäftsstelle maßgebend (§ 69a Abs. 3 Sätze 2 und 3 FGG). Dieser Zeitpunkt ist daher auf dem Beschluss zu vermerken (§ 69a Abs. 3 Satz 3 FGG).

2. Vgl. § 67 FGG.

3. Bei der Festlegung des Aufgabenkreises ist möglichst differenziert auf die Umstände des Einzelfalles abzustellen, da die Betreuung nur angeordnet werden darf, soweit sie erforderlich ist (§ 1896 Abs. 2 BGB).
   In Betracht kommen u. a.: Entscheidung über ärztliche Untersuchung oder Operation, Fürsorge für eine Heilbehandlung, Bestimmung des Aufenthalts,

Abschluss eines Heimpflegevertrages, Kontrolle der Einhaltung des Heimvertrags, Organisation der ambulanten Versorgung, Vertretung in Miet- und Wohnungsangelegenheiten, Wohnungsauflösung, Klärung der Vermögensverhältnisse, Verwaltung der Einkünfte, Schuldentilgung, Verwaltung des gesamten Vermögens, Vertretung in Renten- und Sozialhilfeangelegenheiten, Entgegennahme, Öffnen und Anhalten der Post (bedarf der ausdrücklichen richterlichen Anordnung, § 1896 Abs. 4 BGB), Überwachung des Bevollmächtigten (vgl. § 1896 Abs. 3 und Abs. 2 Satz 2 BGB).

Es ist auch zulässig, den benannten Aufgabenkreis einzuschränken, z.B. „Aufenthaltsbestimmung, jedoch ohne die Entscheidung über eine Unterbringung in einer geschlossenen Einrichtung".

4. Vgl. § 69 Abs. 1 Nr. 5 FGG.

5. Vgl. § 69a Abs. 3 Satz 2 FGG.

6. Gemäß § 69 Abs. 2 FGG ist der Beschluss zu begründen; für andere Entscheidungen erster Instanz ist im FGG keine Begründungspflicht angeordnet (anders für Beschwerdeentscheidungen, § 25 FGG). Eine solche Pflicht folgt jedoch aus der Bedeutung der meisten Entscheidungen für die Betroffenen, aus dem Gebot rechtlichen Gehörs (Art. 103 Abs. 1 GG) und aus der Notwendigkeit, dem Rechtsmittelgericht eine Grundlage für die Überprüfung zu geben.

7. Das Schlussgespräch (§ 68 Abs. 5 FGG) kann unmittelbar an die richterliche Anhörung angeschlossen werden.

8. Vgl. § 68b FGG.

9. Vgl. § 68 FGG.

10. Vgl. § 69a Abs. 2 FGG.

11. Eine Rechtsmittelbelehrung ist in § 69 Abs. 1 Nr. 6 FGG ausdrücklich vorgeschrieben, anders als sonst im FGG. Gleichwohl ist in der Praxis auch bei anderen Entscheidungen in FGG-Verfahren eine Rechtsmittelbelehrung weithin üblich geworden, weil die Betroffenen häufig nicht anwaltschaftlich vertreten sind und die Entscheidungen für sie oft weitreichende Folgen haben.

Nr. 22

Nr. 22. Erbschein

Amtsgericht Oldenburg
– Nachlassgericht –
Az: 2 VI 23/04

Erbschein[1]

Es wird bezeugt, dass der am 20. November 2004 in Oldenburg verstorbene Kaufmann Albrecht Müller, geb. 23. 3. 1920 in Bremen, zuletzt wohnhaft in 26123 Oldenburg, Sternstr. 1,[2]

von seinen Söhnen

Dr. med. Peter Müller, geb. 1. 4. 1950, Arzt in 38100 Braunschweig, Domstr. 6, und

Fritz Müller, geb. 21. 10. 1952, Bankkaufmann in 23570 Lübeck, Ostseestr. 45,

zu je einer Hälfte

beerbt worden ist.[3,4]

Oldenburg, den 21. Januar 2005
Hafner
(Hafner)
Richterin am Amtsgericht[5]

Anmerkungen

1. Erbscheine werden durch Beschluss des Nachlassgerichts erlassen. – Hinsichtlich der möglichen Arten des Erbscheins und der weiteren erbrechtlichen Ausweise siehe Palandt, Überblick vor § 2353 BGB RdNr. 2 ff.

2. In der Praxis wird vielfach auch der Grund der Erbfolge (Gesetz, Testament, Erbvertrag) angegeben, z. B.: „auf Grund privatschriftlichen Testaments vom 10. 12. 1960". Notwendig ist dieser Zusatz aber nur, wenn er – wie in den Fällen der §§ 1951 und 2088 BGB – der Bezeichnung des Umfangs des Erbrechts dient.

3. a) Im Falle der Nacherbfolge erhält der Erbschein folgenden Zusatz:
„Der Erblasser hat hinsichtlich jedes Bruchteils, der den oben angegebenen Erben zufällt, eine Nacherbfolge angeordnet. Die Nacherbfolge tritt jeweils ein, wenn der Vorerbe verstirbt. Nacherbin nach Dr. Peter Müller ist dessen Tochter Annegret Müller, geb. am 10. 4. 1975 in Berlin; Nacherbe nach Fritz Müller ist dessen Sohn Albrecht Müller, geb. am 11. 2. 1979 in Lübeck. Die Vorerben sind zur freien Verfügung über die Erbschaft berechtigt."

Nr. 22

Das Recht eines Nacherben ist vererblich, sofern aus dem Erbschein nichts anderes hervorgeht. Die Vererblichkeit kann durch einen Ersatzerbenvermerk ausgeschlossen sein.

b) Sofern Testamentsvollstreckung angeordnet ist, erhält der Erbschein den Zusatz: „Testamentsvollstreckung ist angeordnet".

4. Da der Erbschein ein bloßes Zeugnis ist, enthält er keine Gründe.

5. Erbscheine auf Grund einer Verfügung von Todes wegen und gegenständlich beschränkte Erbscheine (§ 2369 BGB) erteilt der Richter (§ 16 Abs. 1 Nr. 6 RPflG), Erbscheine auf Grund gesetzlicher Erbfolge erteilt der Rechtspfleger (§ 3 Nr. 2 Buchst. c RPflG). Beachte aber dazu die Möglichkeit der Aufhebung des Richtervorbehalts nach § 19 RPflG (gültig ab 1. Juli 2005).

Nr. 23

Nr. 23. Ablehnungsbescheid im Erbscheinsverfahren

Amtsgericht München
– Nachlassgericht –
Az: 902 VI 73/04

In der Nachlasssache

betr. den Nachlass des am 16. September 2004 in München verstorbenen Kaufmanns Maximilian Kammermeier, zuletzt wohnhaft in 80333 München, Gabelsbergerstraße 8,

hier: Antrag von Frau Bertha Kammermeier, Kaufmannswitwe, Gabelsbergerstraße 8, 80333 München, auf Erteilung eines Erbscheins,

erlässt das Amtsgericht München – Nachlassgericht – durch Richter am Amtsgericht Dr. Finger am 21. März 2005 folgenden

Beschluss:[1,2]

Der Antrag wird zurückgewiesen.

Gründe:

I.

Kurze Sachdarstellung mit Angabe des Erbscheinsantrages.

II.

Der gestellte Antrag ist nicht begründet; denn der Antragstellerin steht das Erbrecht so, wie sie es beantragt hat, nicht zu.
Rechtliche Würdigung, vgl. §§ 2353, 2359 BGB.

Finger
(Dr. Finger)
Richter am Amtsgericht

Anmerkungen

1. Das Nachlassgericht darf den Antrag auf Erteilung eines Erbscheins
   a) nur im ganzen zurückweisen, oder
   b) eine Zwischenverfügung (unten Nr. 25), oder
   c) einen Vorbescheid (unten Nr. 24) erlassen oder
   d) den beantragten Erbschein erteilen.

2. Eine Kostenentscheidung ist regelmäßig nicht veranlasst. Wer die Gerichtskosten zu tragen hat, regelt die KostO hier abschließend. Die außergerichtlichen Kosten trägt grundsätzlich jeder Beteiligte selbst. Nur ausnahmsweise wird das Gericht gem. § 13a Abs. 1 Satz 1 FGG eine Kostenerstattung anordnen.

Nr. 24

Nr. 24. Vorbescheid im Erbscheinsverfahren

Amtsgericht Starnberg
– Nachlassgericht –
Az: VI 19/04

In der Nachlasssache

betr. den Nachlass des am 9. November 2004 in Percha verstorbenen Hauptlehrers Heribert Edschmid, zuletzt wohnhaft in 82319 Percha, Bergstraße 3,

hier: Antrag von Frau Babette Braun, geb. Edschmid, Hausfrau, Bahnhofstraße 12, 82327 Tutzing, auf Erteilung eines Erbscheins,

erlässt das Amtsgericht Starnberg – Nachlassgericht – durch Richterin am Amtsgericht Wittlinger am 21. März 2005 folgenden

Beschluss:

Die Erteilung eines Erbscheins in folgender Form:

„Erbschein

Es wird bezeugt, dass der am 9. 11. 2004 in Percha verstorbene Hauptlehrer Heribert Edschmid aus Percha von Frau Babette Braun, geb. Edschmid, geb. 30. 3. 1927, Bahnhofstr. 12, 82327 Tutzing,

allein

beerbt worden ist."
wird bewilligt werden, falls gegen diesen Beschluss nicht binnen zwei Wochen eine Beschwerde eingelegt wird.

Gründe:

I.

Folgt kurze Sachdarstellung mit Angabe des Erbscheinsantrages und der gegen diesen Antrag erhobenen Einwendungen.

II.

Folgt rechtliche Würdigung:
  Zulässigkeit des Vorbescheids
  Begründetheit des Erbscheinsantrages.

  Wittlinger
  (Wittlinger)
Richterin am Amtsgericht

Nr. 25

Nr. 25. Zwischenverfügung[1,2]

Amtsgericht Kassel
– Grundbuchamt –
Az: 3 I 32/05

I. Schreiben an Antragsteller:
Ihrem Antrag vom 28. Januar 2005 auf Eintragung eines Widerspruchs gegen … kann zurzeit nicht entsprochen werden. *Folgt Aufzählung sämtlicher Eintragungshindernisse und die Angabe, wie diese Hindernisse ausgeräumt werden können.*
Zur Behebung der Eintragungshindernisse wird Ihnen gem. § 18 GBO eine Frist von zwei Wochen ab Zugang dieser Verfügung gesetzt. Nach erfolglosem Fristablauf wird Ihr Antrag kostenfällig zurückgewiesen werden.
II. Zustellung von I an Antragsteller
III. Wiedervorlage: 4 Wochen

Kassel, den 6 . Februar 2005

Möller
(Möller)
Rechtspfleger[3]

Anmerkungen

1. Voraussetzung für den Erlass einer Zwischenverfügung ist, dass
   a) das angegangene Amtsgericht zur Endentscheidung zuständig,
   b) der Antrag wirksam gestellt und
   c) das Eintragungshindernis behebbar ist.
2. Entsprechend den allgemeinen Rechtsgrundsätzen des § 18 GBO ist eine Zwischenverfügung auch in Erbscheinssachen zulässig. Sie kann dort auch in der Form eines Beschlusses ergehen.
3. Vgl. § 3 Nr. 1 Buchst. h RPflG.

Nr. 26

b) Beschwerdeentscheidungen

Nr. 26. Allgemeine Beschwerdeentscheidung
der freiwilligen Gerichtsbarkeit

Landgericht Bonn
Az: 5 T 95/05

Beschluss

In Sachen

Ingrid Sedelmaier, geb. 21. 4. 1998, Bonner Straße 8, 51545 Waldbröl,

wegen vormundschaftsgerichtlicher Maßnahmen

hat das Landgericht Bonn, 5. Zivilkammer, am 3. März 2005 durch Richter am Landgericht Franke – als Einzelrichter[1], folgendes

beschlossen:

Die sofortige Beschwerde des Vaters Bruno Sedelmaier, Kürschner, Hauptstraße 17, 51545 Hermesdorf, gegen den Beschluss des Amtsgerichts Waldbröl – Vormundschaftsgericht – vom 4. Februar 2005 – X 23/05 – wird als unbegründet zurückgewiesen.[2]

Gründe:[3]

I.

Folgt Darstellung des Sachverhalts mit Anträgen erster Instanz, Formel und tragende Gründe der Entscheidung erster Instanz, Formalien der Beschwerdeeinlegung, kurze Zusammenfassung des Beschwerdevorbringens, eventuelle Anträge der Beteiligten im Beschwerdeverfahren und evtl. bedeutsame Verfahrensgeschichte zweiter Instanz.

II.

Statthaftigkeit der Beschwerde, § 19 FGG,
Zulässigkeit im Übrigen, §§ 20ff. FGG, insbesondere
  Beschwerdeberechtigung, §§ 20, 57, 58, 59, 82 FGG
Materiellrechtliche Würdigung.

Franke
(Franke)

Nr. 26

Anmerkungen

1. Nach § 30 Abs. 1 FGG i. V. m. § 526 ZPO soll die Zivilkammer die Sache dem Einzelrichter übertragen, wenn die angefochtene Entscheidung von einem Einzelrichter erlassen wurde, die Sache keine besonderen Schwierigkeiten aufweist und keine grundsätzliche Bedeutung hat.

2. Einer gerichtlichen Kostenentscheidung bedarf es grundsätzlich nicht. Bezüglich der Gerichtskosten enthält die KostO eindeutige Bestimmungen, die für eine konstitutive Gerichtsentscheidung keinen Raum lassen (hier: § 131 KostO, Ausnahme § 94 Abs. 3 Satz 2 KostO).
Die außergerichtlichen Kosten trägt grundsätzlich jeder Beteiligte selbst. Das Gericht kann aus Billigkeitserwägungen Kostenerstattung anordnen (§ 13a Abs. 1 Satz 1 FGG). Bei erfolglosen Rechtsmitteln sind dem Beschwerdeführer die außergerichtlichen Kosten des Beschwerdegegners aufzuerlegen. Gleiches gilt bei grobem Verschulden eines Beteiligten (§ 13a Abs. 1 Satz 2 FGG). Voraussetzung ist jedoch auch dann, dass dem Gegner erkennbar außergerichtliche Kosten tatsächlich entstanden sind. Dies war im Beispielsfall nicht gegeben.

3. Vgl. § 25 FGG.

Nr. 27. Beschwerdeentscheidung in Erbscheinssachen

Landgericht Görlitz
Az: 1 T 59/05

Beschluss

In der Erbscheinssache

über den Nachlass des Ingenieurs Friedrich Walter aus Zittau, verstorben am 5. Februar 2004 in Zittau

hier: Antrag des Kraftfahrers Franz Walter, Goethestr. 7, 02763 Zittau, vom 2. März 2004 auf Erteilung eines Erbscheins

hat das Landgericht Görlitz, 1. Zivilkammer, auf die Beschwerde der Sekretärin Hilde Walter, Hauptstr. 7, 02763 Zittau, am 15. Mai 2005 durch Vorsitzenden Richter am Landgericht Feuerherr – als Einzelrichter[1] folgendes

beschlossen:[2,3]

I. Die Verfügung des Amtsgerichts Zittau – Nachlassgericht – vom 5. März 2004 – VI 83/04 – wird aufgehoben.
II. Das Amtsgericht Zittau wird angewiesen, einen Erbschein zu erteilen, der die Beschwerdeführerin als Alleinerbin ausweist.
(*Das LG darf nach stRspr. des BayObLG auf Beschwerde gegen sog. Vorbescheid den verfahrensgegenständlichen Erbscheinsantrag nicht endgültig abweisen. Es darf auch nicht durch einen eigenen Vorbescheid einen anderen Erbschein ankündigen.*)

Gründe:

I.

Sachdarstellung (vgl. Nr. 26)

II.

Rechtliche Würdigung (Zulässigkeit und Begründetheit der Beschwerde).

Feuerherr
(Feuerherr)

Nr. 27

Anmerkungen

1. Die Beschwerdekammer des Landgerichts soll nach § 30 Abs. 1 FGG i. V. m § 526 ZPO die Sache dem Einzelrichter übertragen, wenn ein Einzelrichter die angefochtene Entscheidung erlassen hat, die Sache keine besonderen Schwierigkeiten tatsächlicher oder rechtlicher Art aufweist und die Rechtssache keine grundsätzliche Bedeutung hat.

2. Das Beispiel betrifft den Fall, dass
   a) das Nachlassgericht eine Verfügung dahin erlassen hat, es werde den von Franz Walter beantragten Erbschein erteilen, wenn nicht ein gesetzlicher Erbe dagegen Beschwerde erhebe; sog. Vorbescheid (vgl. oben Nr. 24);
   b) diese Verfügung aber inhaltlich nicht gerechtfertigt war, da das Testament keinen hinreichenden Anhaltspunkt für eine Erbeinsetzung des Antragstellers bietet;
   c) die verfahrensrechtlichen und materiellrechtlichen Fragen geklärt sind und ein entsprechender Erbscheinsantrag der Beschwerdeführerin dem Amtsgericht vorliegt.

3. Weitere Beispiele für Beschlussformeln:
   I. Die Beschwerde der ... gegen den Beschluss des Amtsgerichts Zittau vom ... wird zurückgewiesen.
   II. Die Beschwerdeführerin trägt die außergerichtlichen Kosten des Beschwerdegegners *(vgl. § 13a Abs. 1 Satz 2 FGG).*
   oder
   I. ... Aufhebende Entscheidung ...
   II. Die Sache wird an das Amtsgericht Zittau zurückgegeben *(vgl. OLG Hamm OLGZ 1970, 117)*
   oder
   II. Auf die Beschwerde der ... wird das Amtsgericht Zittau angewiesen, den dem ... erteilten Erbschein einzuziehen *(vgl. Palandt, § 2353 RdNr. 14)*
   oder
   II. Das Amtsgericht Zittau wird angewiesen, den im aufgehobenen Beschluss (Vorbescheid) bezeichneten Erbschein nicht zu erteilen.

B. STRAFRECHT

a) Vorverfahren

Nr. 28. Durchsuchungs- und Beschlagnahmebeschluss

Amtsgericht Dresden
– Ermittlungsrichter –
Az: 3 Gs 37/05

In dem Ermittlungsverfahren gegen
Karl Eggertsen, geb. am 21. 2. 1947 in Stettin, deutscher Staatsangehöriger, lediger Handelsvertreter, wohnhaft in 01097 Dresden, Hauptstr. 11,

wegen Verdachts des Diebstahls

erlässt das Amtsgericht Dresden durch Richterin am Amtsgericht Spreng am 24. 3. 2005 folgenden

Beschluss:

Nach §§ 102, 105 Abs. 1, 162 Abs. 1 StPO wird ohne vorherige Anhörung gemäß § 33 Abs. 4 StPO die Durchsuchung der Wohnung des Beschuldigten in der Hauptstrasse 11 in Dresden mit Nebenräumen angeordnet. Ferner wird die Beschlagnahme von aufgefundenem Diebesgut (Goldenes Tischfeuerzeug, Notebook „Elite 2005", Geldkassette rot ca. 28 × 22 cm, Formulare und Stempel der Fa. Müller) und von sonstigen Beweismitteln nach §§ 94, 98 StPO angeordnet.

Gründe:

Aufgrund der bisherigen Ermittlungen besteht folgender Verdacht: ... *folgt Wiedergabe des strafrechtlich erheblichen Sachverhalts.*
z. B. ... In der Nacht vom 15. auf 16. 2. 2005 brach der Beschuldigte die verschlossene Eingangstür der Büroräume der Fa. Müller KG., Obergasse 18, 01097 Dresden, auf und entwendete die oben aufgeführten Gegenstände. Diese hat er möglicherweise in seiner Wohnung versteckt.

Nr. 28

Diese Tat ist strafbar als Diebstahl in einem besonders schweren Fall gemäß §§ 242, 243 StGB.
Die Durchsuchung darf nicht zur Nachtzeit erfolgen. §§ 97, 105 Abs. 2 StPO sind zu beachten.

Spreng
(Spreng)
Richterin am Amtsgericht

Nr. 29

Nr. 29. Haftbefehlsantrag

Staatsanwaltschaft Nürnberg-Fürth
37 Js 1278/05

Verfügung:

I. Versendung vormerken.
II. Urschriftlich mit Akten

an das
Amtsgericht Nürnberg
– Ermittlungsrichter –
mit dem Antrag, gegen

Friedrich Stein, geb. am 5. 3. 1949 in München, deutscher Staatsangehöriger, geschiedener Monteur, wohnhaft in
80801 München, Hohenzollernstr. 8,

Haftbefehl

zu erlassen.

Der Beschuldigte ist folgender Straftat(en) dringend verdächtig: ... *folgt Schilderung des Sachverhalts, soweit er für den subjektiven und objektiven Tatbestand der verletzten Strafgesetzbestimmung bedeutsam ist.*

z. B. ... Am 3. März 2005 gegen 22.30 Uhr streckte der Beschuldigte am Hauptausgang des Hauptbahnhofs in Nürnberg den Rentner Hans Döberlein durch einen kräftigen Schlag auf den Kopf zu Boden und nahm ihm sodann – wie von Anfang an beabsichtigt – die Geldbörse mit ca. 170,- € Inhalt ab, um sich das Geld anzueignen.

Der Beschuldigte wird daher beschuldigt, ... *folgt Wiedergabe des Straftatbestandes mit den Worten des Gesetzes und Bezeichnung des StGB – Paragraphen.*

z. B. ... einem anderen mit Gewalt in der Absicht rechtswidriger Zueignung eine fremde bewegliche Sache weggenommen und zugleich einen anderen vorsätzlich körperlich misshandelt zu haben,

strafbar als Raub nach § 249 StGB in Tateinheit (§ 52 StGB) mit vorsätzlicher Körperverletzung nach § 223 StGB.

Nr. 29

Der dringende Tatverdacht ergibt sich aus ... *folgt Angabe der Tatsachen und Beweismittel, die den dringenden Tatverdacht begründen.*

z. B. ... aus der Aussage des Augenzeugen Heinrich Bull und der Aussage des Geschädigten, der den Beschuldigten auf Lichtbildern zweifelsfrei als den Täter identifiziert hat.

Es ist der Haftgrund der Fluchtgefahr (*und/oder* Verdunkelungsgefahr *oder* Wiederholungsgefahr) gegeben, weil ... *folgen nähere Darlegungen.*

z. B. ... weil der geschiedene Beschuldigte, der keiner geregelten Arbeit nachgeht, ohne tiefere soziale Bindungen ist und eine hohe Strafe zu erwarten hat.

Die Haft ist auch verhältnismäßig, § 112 Abs. 1 Satz 2 StPO, angesichts der Schwere des Schuldvorwurfs; weniger einschneidende Erfolg versprechende Maßnahmen zur Verhinderung der Flucht (*und/oder* Verdunkelung *oder* Wiederholung) sind nicht erkennbar.

Nürnberg, den 9. März 2005

Voll
(Dr. Voll)
Staatsanwalt

Nr. 30. Haftbefehl

Amtsgericht Bielefeld
– Ermittlungsrichter –
Az: 6 Gs 37/05

Haftbefehl

Gegen den Beschuldigten

Kurt B r e n n e r, geb. am 27. 9. 1945 in Königsberg, deutscher Staatsangehöriger, verh., Maurer, wohnhaft in 33602 Bielefeld, Bahnhofstr. 26,

wird die Untersuchungshaft angeordnet.

Der Beschuldigte ist folgender Straftat(en) dringend verdächtig:

Folgt Schilderung des Sachverhalts, soweit er für die gesetzlichen Merkmale des Straftatbestandes von Bedeutung ist, sowie Zeit und Ort des Tatgeschehens.

Er wird daher beschuldigt, *es folgt die Wiedergabe der gesetzlichen Merkmale des Straftatbestandes.*

strafbar als *gesetzliche Überschrift des Straftatbestandes* gemäß § … StGB.

Der dringende Tatverdacht ergibt sich aus … *folgt Angabe der Tatsachen und der Beweismittel, die den dringenden Tatverdacht begründen, z. B. Zeugenaussagen, Urkunden, Geständnis.*

Die Haft wird angeordnet, weil Fluchtgefahr (*und/oder* Verdunkelungsgefahr *oder* Wiederholungsgefahr, *vgl. § 112 Abs. 2 und 3, § 112a StPO und die Einschränkung in § 113 StPO*) besteht.
Folgt Angabe der Tatsachen, aus denen sich der Haftgrund ergibt.

Die Anordnung der Haft steht zur Bedeutung der Sache und der zu erwartenden Strafe nicht außer Verhältnis.

Weniger einschneidende Maßnahmen im Sinne des § 116 StPO sind nicht Erfolg versprechend.

Gegen diesen Haftbefehl ist Beschwerde zulässig. Auch kann Antrag auf mündliche Verhandlung gestellt werden.
Auf die anliegende Rechtsbehelfsbelehrung wird verwiesen.

Bielefeld, den 2. 5. 2005
   Landgraf
   (Landgraf)
Richter am Amtsgericht

Nr. 31

Nr. 31. Außervollzugsetzung eines Haftbefehls

Amtsgericht München
– Ermittlungsrichter –
3 Gs 138/05   HAFT!

Ermittlungsverfahren der Staatsanwaltschaft München I

gegen

H a m m e r e r Gerhard, geb. am 12. 1. 1960 in Ingolstadt, verheirateter Angestellter, wohnhaft in 80333 München, Karlstr. 25,

z. Zt. in Untersuchungshaft in der JVA München-Stadelheim,

wegen Betruges u. a.

I. Beschluss:

Der Haftbefehl des Amtsgerichts München vom 20. März 2005 – 3 Gs 138/05 – wird unter folgenden Auflagen[1] außer Vollzug gesetzt (§ 116 StPO):

1. Der Beschuldigte hat sich täglich zwischen 8 und 9 Uhr persönlich bei der Polizeiinspektion 12, München, Türkenstr. 3, zu melden.
2. Der Beschuldigte hat seinen Reisepass bei der Staatsanwaltschaft München I zu hinterlegen.
3. Der Beschuldigte darf die Stadt München nicht ohne Erlaubnis der Staatsanwaltschaft München I verlassen.
4. Dem Beschuldigten wird untersagt, irgendeine Verbindung mit den Mitbeschuldigten Josef Dürr, Hans Mähling und mit dem Zeugen Joachim Döberl aufzunehmen.
5. Der Beschuldigte hat eine Sicherheit von 20.000,- € bei der Gerichtskasse München zu hinterlegen.

München, den 30. März 2005

Schauermann
(Schauermann)
Richter am Amtsgericht

II. Mit Akten

an die Staatsanwaltschaft
München I

zur weiteren Veranlassung.[2]

Nr. 31

München, den 30. 3. 2005
Schauermann
Richter am Amtsgericht

Anmerkungen

1. Auch andere Maßnahmen sind denkbar; sie dürfen jedoch nicht einschneidender sein als die Untersuchungshaft (vgl. dazu Meyer-Goßner, StPO, § 116, RdNr. 5–18).
2. Vgl. § 36 Abs. 2 StPO. Der Staatsanwalt wird den Beschluss an den Beschuldigten zustellen, alle zum Vollzug nötigen Maßnahmen treffen, also das Polizeirevier von Nr. 1, 3 und 4 des Beschlusses verständigen, die Hinterlegung der Sicherheit überwachen und nach Erfüllung der Auflagen Nr. 2 und 5 die Entlassung des Beschuldigten veranlassen.

Nr. 32

Nr. 32. Einstellungsverfügung

Staatsanwaltschaft
Mannheim
Az: 8 Js 132/05

Verfügung

I. Das Ermittlungsverfahren gegen

Josef Meier, geb. am 31. 7. 1967 in Darmstadt, deutscher Staatsangehöriger, lediger Angestellter, wohnhaft in
64293 Darmstadt, Frankfurter Str. 11,

wegen Verdachts des Diebstahls

wird gem. § 170 Abs. 2 StPO eingestellt.[1]

Gründe:[2,3]

In bedeutsamen Verfahren wird entsprechend dem Aufbau eines freisprechenden Urteils verfahren, also:
- *Angabe, was dem Beschuldigten zur Last lag,*
- *Einlassung des Beschuldigten,*
- *Ermittlungsergebnis,*
- *Darlegung, warum aus tatsächlichen oder rechtlichen Gründen kein zur Anklageerhebung hinreichender Tatverdacht gegeben ist, oder dass die Ermittlungen die Unschuld des Beschuldigten ergeben haben,*
- *Hinweis, dass etwaige zivilrechtliche Ansprüche von dieser Verfügung nicht berührt werden.*

In einfacheren Fällen genügt es, nach einem kurzen Hinweis auf den erhobenen Schuldvorwurf sogleich die für die Einstellung maßgebenden tatsächlichen oder rechtlichen Erwägungen darzulegen und mit dem Hinweis abzuschließen, dass etwaige zivilrechtliche Ansprüche nicht berührt werden.

II. Mitteilung mit Abdruck von I an den Anzeigeerstatter.[4]
Die Mitteilung über die Einstellung des Verfahrens ist dem Antragsteller (§ 171 StPO) im Regelfall formlos zu übersenden. Der Staatsanwalt soll die Zustellung nur dann anordnen, wenn im Einzelfall Anhaltspunkte dafür bestehen, dass mit einer Beschwerde und mit einem Antrag auf Durchführung des Klageerzwingungsverfahrens zu rechnen ist (vgl. Nr. 91 Abs. 2 RiStBV).

III. Mitteilung von I – *grundsätzlich ohne Gründe* – an den Beschuldigten,[5] sofern die Voraussetzungen des § 170 Abs. 2 Satz 2 StPO vorliegen. *Wurden Zwangsmaßnahmen ergriffen, die eine Entschädigungspflicht auslösen, ist die Verfügung dem Beschuldigten mit Belehrung gemäß § 9 Abs. 1 StrEG zuzustellen (Art und Zeitraum der Strafverfolgungsmaßnahme/zuständiges Gericht).*

IV. Abtragen
Einstellung gemäß § 170 Abs. 2 StPO,
- ☐ weil Täterschaft, Tat oder Tatumstände nicht nachweisbar sind oder die Tat unter keinen Straftatbestand fällt;
- ☐ weil Verschulden fehlt oder nicht nachweisbar ist oder ein Rechtfertigungsgrund oder Schuldausschließungsgrund (z.B. Schuldunfähigkeit) gegeben ist;
- ☐ wegen eines Verfahrenshindernisses (z.B. Verjährung) oder wegen mangelnder Verfahrensvoraussetzungen.

V. *Evtl.* Asservaten gemäß gesonderter Verfügung abwickeln, Urkunden zurück, Beiakten zurückleiten.[6]

VI. *Evtl.* MiStra Nr ... an ...[6,7]

VII. Weglegen.[6]

Mannheim, den 17. 5. 2005
Horlebuck
(Horlebuck)
Staatsanwalt

Anmerkungen

1. Bei Teileinstellung vgl. das Muster Nr.: 33.
2. Gründe sind im Fall des § 171 Satz 1 StPO vorgeschrieben. Auch in anderen Fällen ist zumindest eine kurze Begründung im Hinblick auf eine etwaige dienstaufsichtliche Überprüfung geboten.
3. Bei manchen Staatsanwaltschaften ist es üblich, die Gründe in Ziffer II darzulegen, sofern ein Bescheid an den Antragsteller zu erteilen ist.
4. Sofern dem Antragsteller ein Beschwerderecht nach §§ 171, 172 StPO zusteht, ist es sinnvoll, ihm die Einstellungsverfügung förmlich zuzustellen, um den Fristablauf feststellen zu können. In der Praxis wird dies aus Gründen der Kostenersparnis häufig nicht angeordnet (vgl. Nr. 91 Abs. 2 RiStBV).
5. Sofern dem Beschuldigten möglicherweise Ansprüche nach dem StrEG zustehen, ist ihm die Einstellungsmitteilung mit entsprechender Belehrung förmlich zuzustellen (§ 9 Abs. 1 Satz 4 und 5 StrEG).
   Im Falle eines Beschwerderechts des Antragstellers ist es zweckmäßig, die Mitteilung an den Beschuldigten zurückzustellen, bis feststeht, dass keine Beschwerde eingelegt worden ist.
6. Ziffer V, VI, VII sind nur sinnvoll, wenn dem Antragsteller keine Beschwerde nach § 172 StPO zusteht. Anderenfalls ist nach Ziffer I, II und IV zu verfügen: „Wiedervorlage 3 Wochen" und erst nach Ablauf der Frist wie Ziffer III, V–VII zu verfügen.

Nr. 32

7. Die Bekanntmachung über die Mitteilungspflichten in Strafsachen (MiStra) regelt, wann anderen Behörden oder Stellen Mitteilungen von Ermittlungsverfahren zu machen sind. Ist bereits die Einleitung des Ermittlungsverfahrens mitgeteilt worden, ist es besonders wichtig, auch die Einstellung mitzuteilen.

Nr. 33. Teileinstellung[1,2]

Staatsanwaltschaft Traunstein
Az.: 23 Js 2034/05

Ermittlungsverfahren gegen

Markus Meier, geb. am 12. 4. 1965 in Prien, deutscher Staatsangehöriger, lediger Anlageberater, wohnhaft Chiemseestr. 12, 83242 Reit im Winkl

wegen Verdachts des Diebstahls

Verfügung

I. Die Ermittlungen sind abgeschlossen.

II. Das Ermittlungsverfahren wird gemäß § 170 Abs. 2 StPO eingestellt, soweit dem Beschuldigten zur Last liegt, am ... in ... zu haben (*Kurzbezeichnung der zur Last liegenden Straftat*, z.B. dem A. den PKW AUDI A 6, amtl. Kennzeichen M–AS 979, entwendet zu haben)

Gründe:

Ein Tatnachweis kann nicht geführt werden, weil ...

III. Mitteilung von I an den Anzeigeerstatter zustellen mit Beschwerdebelehrung.

IV. Mitteilung von I formlos an den Beschuldigten.

V. Anklage (oder Strafbefehlsantrag) nach Diktat.

Traunstein, den 30. 3. 2005
    Gugler
    (Gugler)
    Staatsanwalt

Anmerkungen

1. Von der Teileinstellung (bei mehreren prozessualen Taten) ist zu unterscheiden der Fall, dass bezüglich einer einheitlichen Tat einer von mehreren zunächst in Betracht gezogenen rechtlichen Gesichtspunkte entfällt (z.B. die Tat nicht als versuchter Totschlag, sondern als gefährliche Körperverletzung zu beurteilen ist). In diesem Fall werden die maßgebenden Erwägungen – ohne Mitteilungen – nur in einem Vermerk aktenkundig gemacht; im Übrigen wird bezüglich der Tat nach Nr. 35 oder 36 verfahren.

2. Davon ist zu unterscheiden der Fall der **Beschränkung der Strafverfolgung** gemäß § 154a StPO, wenn trotz der Strafbarkeit einzelner abtrennbarer Teile

Nr. 33

einer Tat oder trotz mehrerer Gesetzesverletzungen, die durch dieselbe Tat begangen worden sind, die Verfolgung auf die übrigen Teile der Tat oder die übrigen Gesetzesverletzungen beschränkt wird. In diesem Fall ist die Beschränkung aktenkundig zu machen (§ 154a Abs. 1 Satz 3 StPO). Im Übrigen wird nach Nr. 35 oder Nr. 36 verfahren mit der Maßgabe, dass auf die Beschränkung der Strafverfolgung im Strafbefehlsantrag oder in der Anklageschrift im Anklagesatz hinzuweisen ist (§ 101a Abs. 3 RiStBV).

Nr. 34

Nr. 34. Klageerzwingungsschrift

Dr. Wilhelm Heumüller 80331 München, 24. 5. 2005
Rechtsanwalt Marienplatz 5/III

An das
Oberlandesgericht
München
– Strafsenat –

Betreff: Ermittlungsverfahren der Staatsanwaltschaft München II
– 32 Js 1560/04 –

gegen

Hüstler Georg, geb. am 25. 11. 1963 in Hamburg, verheirateter Angestellter, wohnhaft in 85354 Freising, Wippenhauserstr. 48, wegen Betruges

Klageerzwingungsantrag

Namens und im Auftrag meines Mandanten, Erich Domberger, Architekt, Petuelstr. 17, 85356 Freising, dessen auf mich lautende Vollmacht ich beifüge,

beantrage ich

gerichtliche Entscheidung gegen den ablehnenden Bescheid des Generalstaatsanwalts beim Oberlandesgericht München vom 17. Mai 2005 dahingehend, die Erhebung der öffentlichen Klage gegen den Beschuldigten Georg Hüstler wegen Betruges zu beschließen.

Begründung:[1]

1. Nach dem Ermittlungsergebnis liegt dem Beschuldigten folgender Sachverhalt zur Last: ... *folgt Schilderung des Sachverhalts, d.h. Ort, Zeit, nähere objektive und subjektive Umstände des Tatgeschehens, und zwar so vollständig, dass sich daraus bei Unterstellung des hinreichenden Tatverdachts die Erhebung der öffentlichen Klage wegen der so beschriebenen Tat i.S. des § 264 StPO formell und materiell rechtfertigt, also auch evtl. rechtzeitig gestellten Strafantrag mit darlegen. Aus dem Vortrag muss sich auch die Verletzteneigenschaft und die Antragsbefugnis des Antragstellers ergeben.*

Nr. 34

2. Als Beweismittel bezeichne ich: ...
Alle geeigneten, eventuell auch neuen Beweismittel sind anzuführen, und zwar auch die zu den formellen Behauptungen, also etwa zur Antragsberechtigung Angehöriger die entsprechenden Geburtsurkunden.
3. Wegen dieses Sachverhalts hat mein Mandant am ... bei der Staatsanwaltschaft München II schriftlich Anzeige erstattet. Die Staatsanwaltschaft hat das Ermittlungsverfahren am ... gemäß § 170 Abs. 2 StPO eingestellt. Zur Begründung hat sie ausgeführt: ...
4. Gegen diesen, meinem Mandanten am ... zugestellten Einstellungsbescheid hat mein Mandant schriftlich am ...[2] bei der Staatsanwaltschaft München II Beschwerde eingelegt und darauf hingewiesen, dass ... *folgt Darlegung des Beschwerdevorbringens.*
Der Oberstaatsanwalt der Staatsanwaltschaft München II hat der Beschwerde mit folgender Begründung nicht abgeholfen: ...
5. Der Generalstaatsanwalt beim Oberlandesgericht München hat mit Bescheid vom ... die Beschwerde als unbegründet verworfen und dazu im Wesentlichen ausgeführt: ...
6. Dieser, meinem Mandanten am ...[2] zugestellte Bescheid entspricht nicht der Sach- und Rechtslage.
Vielmehr besteht ein zur Anklageerhebung hinreichender Verdacht gegen den Beschuldigten, weil ... *(folgt Darlegung, aus welchen tatsächlichen oder rechtlichen Gründen die im ablehnenden Bescheid angeführten Erwägungen nicht zutreffen einschließlich entsprechender Hinweise auf die Beweislage und die Geeignetheit vorhandener Beweismittel).*

Anlage: 1 Vollmacht
... *(evtl. Urkunden als Beweismittel zum Sachvortrag)*

Dr. Heumüller
(Dr. Heumüller)
Rechtsanwalt

Anmerkungen

1. Bezugnahmen auf Schriftstücke, auch auf Bescheide der Staatsanwaltschaft, sind unzulässig (vgl. Meyer-Goßner, § 172 RdNr. 30).
2. Die Beschwerdefrist gegen den Einstellungsbescheid der Staatsanwaltschaft beträgt 2 Wochen (§ 172 Abs. 1 Satz 1 StPO).
Eine verspätete Beschwerde wird als Dienstaufsichtsbeschwerde behandelt. In diesem Falle ist das Klageerzwingungsverfahren ausgeschlossen, auch wenn der Bescheid des Generalstaatsanwalts äußerlich dem Bescheid nach § 172 Abs. 2 Satz 1 StPO ähnelt, gegen den innerhalb eines Monats ab Bekanntmachung Antrag auf gerichtliche Entscheidung gestellt werden kann.

Nr. 35. Strafbefehl

Amtsgericht München
442 Cs 61 Js 36.948/05

Herrn
Herbert Schuster
geb. 10. 12. 1961 in Plattling
Kaufmann
Plinganserstr. 57
81369 München

Verteidiger: RA Dr. Max Hornung, Maximilianstr. 30,
          80539 München

Die Ermittlungen der Staatsanwaltschaft ergaben folgenden Sachverhalt:

Folgt strafrechtlich erheblicher Sachverhalt nach Zeit, Ort und tatbezogenen Umständen sowie Angaben über etwa gestellten Strafantrag

z. B. Am 11. 3. 2005 gegen 11 Uhr entwendeten Sie in der Wohnung der Zeugin Anna Weigel in München, Elsenheimerstr. 10/I, eine schwarze Aktentasche mit einer Patentschrift des Geschädigten Dr. Ing. Paul Berger, um diese für sich zu verwerten.

Sie werden daher beschuldigt, ...

z. B. ... einem anderen eine fremde bewegliche Sache in der Absicht weggenommen zu haben, sich dieselbe rechtswidrig zuzueignen,

strafbar als Diebstahl gemäß § 242 Abs. 1 StGB.

Beweismittel:
a) Zeugen: Anna Weigel, Elsenheimerstr. 10/I, 80687 München,
               Dr. Paul Berger, Lindenstr. 3, 85591 Vaterstetten,
               KM Ernst Bauer, Polizeipräsidium München
b) Urkunden: Auszug aus dem Bundeszentralregister

Auf Antrag der Staatsanwaltschaft wird gegen Sie eine Geldstrafe von 50 Tagessätzen verhängt. Der Tagessatz beträgt 40,- €. Somit beträgt die Geldstrafe insgesamt 2000,- €. An die Stelle einer uneinbringlichen Geldstrafe tritt für jeden Tagessatz ein Tag Freiheitsstrafe.

Sie haben die Kosten des Verfahrens und Ihre Auslagen zu tragen.

Dieser Strafbefehl steht einem rechtskräftigen Urteil gleich und wird vollstreckt werden, wenn sie nicht innerhalb von zwei Wochen nach

Nr. 35

der Zustellung bei dem umseitig bezeichneten Amtsgericht schriftlich oder zu Protokoll der Geschäftsstelle Einspruch erheben. Der schriftlich erhobene Einspruch muss vor Ablauf der Frist beim Gericht eingehen. Mit dem Einspruch kann die Angabe der zur Verteidigung dienenden Beweismittel verbunden werden.

Bei rechtzeitigem Einspruch findet Hauptverhandlung vor dem Amtsgericht statt, sofern nicht bis zu ihrem Beginn die Staatsanwaltschaft die Klage fallen lässt oder der Einspruch zurückgenommen wird.

Die Entscheidung über die Kosten und Auslagen kann für sich allein durch sofortige Beschwerde angefochten werden, wenn der Wert des Beschwerdegegenstands 100,- € übersteigt. Die Beschwerde ist binnen einer Woche nach der Zustellung einzulegen und muss innerhalb dieser Frist bei Gericht eingegangen sein. Die Beschwerde kann beim Amtsgericht München schriftlich oder zu Protokoll der Geschäftsstelle eingelegt werden. Zur Fristwahrung genügt auch die Einlegung bei dem Beschwerdegericht (Landgericht München I).

München, den 30. 5. 2005

Bauer
(Bauer)
Richter am Amtsgericht

Vfg.
I. Förmlich zustellen an den Beschuldigten *(vgl. § 409 Abs. 1 Nr. 7, § 35 Abs. 2 Satz 1 StPO)*.[1,2,3]
II. Wiedervorlage mit Einspruch oder nach Fristablauf.

Bauer
(Bauer)
Richter am Amtsgericht

Anmerkungen

1. In Betracht kommt ferner:
    a) Zustellung an den Wahlverteidiger, dessen Vollmacht sich bei den Akten befindet, sowie an den bestellten Verteidiger (§ 145a Abs. 1 StPO).
    b) Zustellung an einen Zustellungsbevollmächtigten des Beschuldigten (vgl. § 116a Abs. 3, § 132 Abs. 1 Nr. 2 StPO).
    c) formlose Mitteilung an den gesetzlichen Vertreter des Beschuldigten (§ 409 Abs. 2 StPO).
    d) die Beifügung einer Übersetzung des Strafbefehls und der in ihm enthaltenen Einspruchsbelehrung für Ausländer (Nr. 181 Abs. 2 RiStBV).
2. Ersatzzustellung (§ 37 Abs. 1 StPO, §§ 180f. ZPO) ist zulässig (BVerfGE 25, 158 und 26, 315), nicht jedoch die öffentliche Zustellung nach § 40 StPO (str., vgl. Meyer-Goßner, § 409 RdNr. 21).
3. Der Richter hat Art und Adressat der Zustellung anzuordnen.

Nr. 36

Nr. 36. Anklageschrift

Staatsanwaltschaft
Würzburg
12 Js 1058/05   Haft!

I. Anklageschrift

in der Strafsache gegen

Hans-Joachim Rank, geb. am 23. 4. 1960 in Berlin, deutscher Staatsangehöriger, verh. Dachdeckermeister, wohnhaft in 68309 Mannheim, Bahnhofstr. 6,

    Wahlverteidiger: Rechtsanwalt Dr. Müller
                              Ruhrstr. 2, 68167 Mannheim,

In Haftsachen: Angabe der Dauer der U-Haft oder der einstweiligen Unterbringung unter Angabe des gegenwärtigen Haft- bzw. Unterbringungsortes; weiterhin Hinweis darauf, ob sich der Angeschuldigte „in dieser Sache" oder „in anderer Sache" – Az – in U-Haft bzw. in einstweiliger Unterbringung befindet.
Ist der Angeschuldigte in Strafhaft, so sind der Haftort und der voraussichtliche Entlassungstag anzugeben.
Auch die Haftprüfungstermine sind hier zu vermerken.

Ablauf der Frist
nach § 117 Abs. 5 StPO: ...
nach § 121 Abs. 1 StPO: ...
nach § 122 Abs. 4 StPO: ...

Die Staatsanwaltschaft legt auf Grund ihrer Ermittlungen dem Angeschuldigten folgenden Sachverhalt zur Last[1]:
folgt Schilderung des Sachverhalts, d.h. des historischen Ablaufs der „Tat" mit Zeit und Ort, die den Gegenstand der Anklage bildet. Die Darstellung soll möglichst kurz sein und sich auf die wesentlichen objektiven und subjektiven Tatumstände beschränken, deren Angabe notwendig, aber auch ausreichend ist, um die dem Angeschuldigten zur Last gelegten Handlungen und damit den Prozessgegenstand i.S. des § 264 StPO genau und eindeutig zu umreißen. Die Schilderung des Sachverhaltes hat dabei immer vom verletzten Straftatbestand auszugehen.

Nr. 36

Alle Tatsachenfeststellungen, die nicht zur „Bezeichnung der Tat" gehören, insbesondere die Vorgeschichte und alle Nebenumstände der Tat, sind beim „wesentlichen Ergebnis der Ermittlungen" darzustellen, sofern ein solches beigefügt wird, vgl. § 200 Abs. 2 StPO.
Der Angeschuldigte wird daher beschuldigt,
folgt Wiedergabe des gesetzlichen Tatbestandes der dem Angeschuldigten zur Last gelegten Straftat in einem Nebensatz oder mehreren aneinander gereihten Nebensätzen im Infinitiv,

z.B.: einem anderen eine fremde bewegliche Sache in der Absicht weggenommen zu haben, sich diese rechtswidrig zuzueignen,

strafbar als Diebstahl gemäß § 242 Abs. 1 StGB.
– *Bei Vorliegen mehrerer Straftatbestände ist auch anzuführen, ob Tateinheit oder Tatmehrheit angenommen wird.*

Wesentliches Ergebnis der Ermittlungen:[2,3]

In diesem Abschnitt sind in knapper Form alle die Angaben zu bringen, die für das weitere gerichtliche Verfahren von Bedeutung sind, wie Einlassung des Angeschuldigten, beabsichtigte Beweisführung, etwaige einschlägige Vorstrafen oder sonstige täterbezogene Umstände der Tat, eventuell Rechtsausführungen (etwa zur Verjährung).

z.B.: Der Angeschuldigte räumt den äußeren Sachverhalt der Wegnahme des Geldkoffers ein. Er gibt jedoch an, er habe dabei keine Gewalt angewandt.
Die Einlassung des Angeschuldigten wird jedoch durch die Aussage des Zeugen Schulze und das Gutachten des Sachverständigen Dr. Weinberg vom ... über die Verletzungen des Zeugen Schulze widerlegt. Danach ...

Zur Aburteilung ist das Landgericht Würzburg – Strafkammer – zuständig (§§ 24, 74, 76 GVG; §§ 7, 8 StPO).
Ich erhebe die öffentliche Klage und beantrage,
a) das Hauptverfahren zu eröffnen,
b) einen Termin zur Hauptverhandlung anzuberaumen,
c) *In Haftsachen:*
die Fortdauer der Untersuchungshaft des Angeschuldigten anzuordnen, weil die Haftgründe fortbestehen.
d) *Falls der Angeschuldigte noch keinen Verteidiger hat und ein Fall notwendiger Verteidigung vorliegt:*
dem Angeschuldigten einen Verteidiger zu bestellen.

Als Beweismittel bezeichne ich:
1. Zeugen: ... (ladungsfähige Anschrift)
2. Sachverständige: ...

Nr. 36

    3. Urkunden: ... (insbesondere Auszug aus dem Bundeszentralregister)
    4. Sonstige Beweismittel: ...

II. Mit Akten
an das
Landgericht Würzburg
– Große Strafkammer –

Würzburg, den 24. 5. 2005

Hamburger
(Hamburger)
Staatsanwalt

Anmerkungen

1. In manchen Bundesländern wird der Anklagesatz anders aufgebaut, z. B. in
a) Nordrhein-Westfalen wie folgt:

Anklageschrift

Der Dachdeckermeister Hans-Joachim Rank, geb. am 23. 4. 1960 in Berlin, wohnhaft in ..., Deutscher, verheiratet, wird angeklagt,
in ... am ...
durch zwei selbständige Taten *folgt die Wiedergabe der gesetzlichen Tatbestandsmerkmale*

z. B.
1. einem anderen mit Gewalt fremde bewegliche Sachen in der Absicht rechtswidriger Zueignung weggenommen zu haben
2. ...

Dem Angeschuldigten wird folgendes zur Last gelegt: *folgt Schilderung des Sachverhalts, d.h. des historischen Ablaufs der „Tat", die Gegenstand der Anklage ist*
Vergehen strafbar nach *folgt die Bezeichnung der verletzten Strafvorschriften*

Beweismittel: ...

Wesentliches Ergebnis der Ermittlungen *(soweit erforderlich)*

Antrag ...
Unterschrift

Nr. 36

b) Niedersachsen wie folgt:

Anklageschrift

Der Kranführer Willi Wuff, zuletzt wohnhaft in der Alsterstraße 3, 22042 Hamburg, geb. am 13. 3. 1969 in Lübeck, ledig, Deutscher

wird angeklagt,

in Hamburg

in der Zeit vom ... bis ...

durch zwei Straftaten *folgt die Wiedergabe der gesetzlichen Tatbestandsmerkmale*

z. B. zur Täuschung im Rechtsverkehr eine unechte Urkunde hergestellt und gebraucht zu haben, indem er *folgt der konkrete Anklagesatz*

Vergehen, strafbar nach §§ 267 I, 53 StGB

Beweismittel: ...

Wesentliches Ergebnis der Ermittlungen: ...

Es wird beantragt, das Hauptverfahren zu eröffnen.

Staatsanwalt

2. Anklageschriften zum Amtsrichter als Strafrichter brauchen das wesentliche Ergebnis der Ermittlungen nicht darzustellen (§ 200 Abs. 2 S. 2 StPO).

3. Bei Anklagen zur Großen Strafkammer des Landgerichts sind anschließend an das wesentliche Ergebnis der Ermittlungen im Falle des § 24 Abs. 1 Nr. 3 GVG etwaige Feststellungen über die besondere Bedeutung des Falles zu treffen.

b) Zwischenverfahren

Nr. 37. Eröffnungsbeschluss

Amtsgericht Hof   Haft!
Az: 3 Ls 2 Js 67/05

I. Beschluss:

In dem Strafverfahren gegen

Georg Schulz, geb. am 13. 11. 1964 in Brünn, deutscher
    Staatsangehöriger, verh., Porzellanmaler, wohnhaft
    in 95100 Selb, Marktplatz 6,

wegen Meineides
erlässt das Amtsgericht Hof – Strafgericht – durch Richter am Amtsgericht Kreuzer am 24. 5. 2005 folgenden

Eröffnungsbeschluss:

Die Anklage der Staatsanwaltschaft Hof vom 28. 4. 2005 – 2 Js 67/05 – wird – evtl. mit folgenden Änderungen .... – zur Hauptverhandlung vor dem Amtsgericht Hof – Schöffengericht – zugelassen (§§ 7, 8, 203, 207 StPO, §§ 24, 25 GVG).

Gem. §§ 207 Abs. 4, 112 StPO wird die Fortdauer der Untersuchungshaft des Angeklagten beschlossen, weil Fluchtgefahr besteht. Nächster Haftprüfungstermin: 23. 6. 2005.

II. Verfügung:
1. Beschluss zustellen an
    Angeklagten (Bl. ...)
    Verteidiger (Bl. ....)
    Von der Haftfortdauer sind zu benachrichtigen: ......
2. Termin zur Hauptverhandlung vor dem Schöffengericht wird bestimmt
    auf ...., den ...., ... Uhr
    Sitzungssaal ......, Hof, Amtsgerichtsgebäude
3. Zu laden sind:
    a) der Angeklagte (Bl. ......)
    b) der Verteidiger (Bl. ......)
        die Zeugen
    c) ...... (Bl. ......)
    d) ...... (Bl. ......)
    e) ...... (Bl. ......)

Nr. 37

      f) der Sachverständige ...... (Bl. ......)
      g) der Dolmetscher ......
4. Terminmitteilung an die Staatsanwaltschaft Hof
5. Verhandlungskalender, Register
6. WV. ... Tage vor dem Termin

Kreuzer
(Kreuzer)
Richter am Amtsgericht

Anmerkung

Bei der **Nichteröffnung** (vgl. § 204 StPO) muss aus den Gründen des Beschlusses eindeutig hervorgehen, ob die Entscheidung auf tatsächlichen oder Rechtsgründen beruht, um Klarheit darüber zu schaffen, ob eine Sachentscheidung oder eine Prozessentscheidung getroffen ist. Wegen des Strafklageverbrauchs bei Sachentscheidung (§ 211 StPO) ist in den Gründen der Tatvorwurf (vgl. § 264 StPO) in einer jede Verwechslung ausschließenden Weise zu beschreiben. Zugleich ist über Kosten und evtl. Entschädigung (vgl. §§ 464, 467, 470 StPO, § 8 StrEG) und evtl. über die Aufhebung eines Haftbefehls (§ 120 Abs. 1 Satz 2 StPO) oder Unterbringungsbefehls (§ 126 a Abs. 3 StPO) oder einer Beschlagnahme zu entscheiden. Zur Bekanntmachung des Nichteröffnungs-Beschlusses vgl. Meyer-Goßner § 204 RdNr. 12.

c) Hauptverfahren

Nr. 38. Plädoyer des Staatsanwalts

1. Das auf Verurteilung abzielende Plädoyer

Aufbau:
a) Sachverhaltsdarstellung
b) Beweiswürdigung
c) Rechtliche Würdigung
d) Strafzumessung im weiteren Sinne
  aa) Strafrahmen
  bb) Strafzumessung
e) Anträge

„Hohes Gericht, Herr (Frau) Verteidiger(in),
Aufgrund der heutigen Hauptverhandlung stellt sich der Sachverhalt wie folgt dar ... *es folgt die Schilderung des Sachverhalts (Imperfekt).*
Dieser Sachverhalt steht fest aufgrund des Ergebnisses der Beweisaufnahme ... *(Einlassung des Angeklagten, Zeugenaussagen ...)*
Der Angeklagte hat sich damit eines Diebstahls nach § 242 Abs. 1 StGB schuldig gemacht. ... *es folgt die rechtliche Würdigung einschließlich der Darstellung der Konkurrenzen.*
Es ist von folgendem Strafrahmen auszugehen ... *(Darstellung des abstrakten Strafrahmens; insbesondere Strafrahmensverschiebungen)*
Zugunsten/zu Lasten des Angeklagten spricht ... *Merkmale des § 46 StGB*
Damit ist eine Geldstrafe ausreichend ... *Wahl der richtigen Strafart*
Ich beantrage, den Angeklagten zu einer Geldstrafe in Höhe von 60 Tagessätzen zu je 40 € zu verurteilen und ihm die Kosten des Verfahrens aufzuerlegen." ... *auch Anträge zu Nebenstrafen, Maßregeln der Sicherung und Besserung, Bewährungsauflagen etc.*

2. Plädoyer auf Freispruch
Aufbau
a) Darstellung des Tatvorwurfs
b) Erörterung der tatsächlichen und/oder rechtlichen Gründe für den Freispruch
c) Antrag *(insbesondere auch zu den Kosten und evt. StrEG)*

Nr. 38

3. Plädoyer auf Einstellung

Aufbau

a) Darstellung des Tatvorwurfs
b) Erörterung der Prozessvoraussetzungen bzw. Prozesshindernisse
c) Antrag *(insbesondere auch zu den Kosten und evt. StrEG)*

Nr. 39. Strafurteil erster Instanz

Landgericht Kassel
1 KLs 13 Js 12.034/04

Im Namen des Volkes!

Urteil

In der Strafsache gegen

Henning Volkert,[1] geboren am 18. 6. 1965 in Mildenberg, deutscher Staatsangehöriger, verheirateter Walzenführer, wohnhaft in 34125 Kassel, Hauffstr. 37,

wegen Raubes

hat die 1. Strafkammer des Landgerichts Kassel in der öffentlichen Sitzung vom 26. 5. 2005, an der teilgenommen haben:
1. Vorsitzender Richter am Landgericht Dr. Ernst als Vorsitzender,
2. Richter am Landgericht Dr. Hager und Richterin Stock als Beisitzer[4],
3. die Schöffen
   a) Irmgard Gehling, Hausfrau in Kassel,
   b) Max Müller, Kaufmann in Kassel,
4. Staatsanwalt Kraft als Vertreter der Anklagebehörde,
5. Rechtsanwalt Dr. Manfred Drechsler, Kassel, als Verteidiger,
6. Justizassistent Danner als Urkundsbeamter der Geschäftsstelle,

für Recht erkannt:[2]
   I. Der Angeklagte ist schuldig eines Raubes.
   II. Er wird deshalb zu einer Freiheitsstrafe von 3 Jahren und 4 Monaten verurteilt.
   III. Der Angeklagte hat die Kosten des Verfahrens und seine notwendigen Auslagen zu tragen.

Angewandte Strafvorschrift: § 249 Abs. 1 StGB.

Gründe:[3]

Für das verurteilende Erkenntnis ergibt sich folgender Aufbau:
  1. Persönliche Verhältnisse des Angeklagten, soweit sie für Beweiswürdigung und Strafzumessung von Bedeutung sind.
  2. Tatsächliche Feststellungen (Sachverhaltsschilderung) nach der Überzeugung des Gerichts, und zwar hinsichtlich des äußeren Tatbestandes, des inneren Tatbestandes und der in § 267 Abs. 2 StPO genannten Umstände (Imperfekt).
  3. Beweiswürdigung mit Angabe der Beweismittel, wobei mit der Einlassung des Angeklagten begonnen wird.

Nr. 39

4. *Rechtliche Erörterung unter Anführung des Strafgesetzes.*
5. *Strafzumessung*
   a) *Bestimmung des Strafrahmens*
   b) *Strafzumessung im engeren Sinne*
      aa. *die Umstände, die für und gegen den Täter sprechen (§ 46 StGB) und je nach Lage des Falles:*
      bb. *besondere Umstände, die in der Tat oder der Persönlichkeit des Täters liegen und eine Freiheitsstrafe unter 6 Monaten unerlässlich machen (§ 47 StGB),*
      cc. *die Strafaussetzung zur Bewährung (§ 56 StGB) Bei Gesamtstrafe (§ 53 StGB) sind erst die Einzelstrafen nach § 46 StGB zuzumessen, dann ist die sog. Einsatzstrafe, d.h. die höchste oder bei verschiedenen Strafarten die schwerste Einzelstrafe zu ermitteln, schließlich mit Zumessenserwägungen diese im Rahmen von § 54 Abs. 2 StGB zur angemessenen Gesamtstrafe zu erhöhen.*
6. *Begründung zu etwaigen Nebenstrafen, Nebenfolgen oder Maßregeln der Besserung und Sicherung.*
7. *Begründung der Kostenentscheidung.*

Ernst	*Hager*	*Stock*[4]
(Dr. Ernst)	(Dr. Hager)	(Stock)

Anmerkungen

1. **Angabe der großen Personalien**
   Die Vornamen (Rufname unterstreichen), der Familienname, ein etwa abweichender Geburtsname, Beruf, Wohnort, Familienstand, Geburtstag und Geburtsort (Landkreis), Staatsangehörigkeit; bei Minderjährigen Name und Anschrift des gesetzlichen Vertreters.
2. **Urteilsformeln (Beispiele)**
   A. Verurteilung
      a) Tateinheit:
         „Der Angeklagte ist schuldig des Betruges, rechtlich zusammentreffend (oder: in Tateinheit) mit Urkundenfälschung. Er wird deshalb zur Geldstrafe von 80 Tagessätzen zu je 40,- € verurteilt.
         Der Angeklagte trägt die Kosten des Verfahrens und seine Auslagen."
      b) Tatmehrheit; Aussetzung zur Bewährung:
         „Der Angeklagte ist schuldig eines Diebstahls, sachlich zusammentreffend (*oder:* in Tatmehrheit) mit einem Betrug. Er wird deshalb zur Gesamtfreiheitsstrafe von 8 Monaten verurteilt. Die Vollstreckung der erkannten Freiheitsstrafe wird zur Bewährung ausgesetzt.
         Der Angeklagte trägt die Kosten des Verfahrens und seine Auslagen."
      c) Mehrere Täter, Teilfreispruch:
         Fall: A, B und C sind Mittäter eines Raubes; außerdem werden sie der Mittäterschaft eines dazu in Tatmehrheit stehenden Betruges beschuldigt; insoweit ist aber nur A überführt:

Nr. 39

„Es sind schuldig die Angeklagten A, B und C eines Raubes und A außerdem eines damit sachlich zusammentreffenden Betruges.
Es werden deshalb verurteilt:
A zur Gesamtfreiheitsstrafe von 3 Jahren
B zur Freiheitsstrafe von 2 Jahren 6 Monaten
C zur Freiheitsstrafe von 2 Jahren 4 Monaten.
Im Übrigen werden die Angeklagten B und C freigesprochen. Soweit die Angeklagten verurteilt sind, tragen sie die Kosten des Verfahrens und ihre Auslagen; soweit die Angeklagten B und C freigesprochen sind, fallen die Verfahrenskosten und ihre notwendigen Auslagen der Staatskasse zur Last."
Zusätze wie „Vergehen", „Verbrechen", „gemeinschaftlich begangen", „in einem schweren Fall" oder „in einem minder schweren Fall" sind wegzulassen.

d) Teilverurteilung/Teileinstellung:
(Beachte: teilweise Freisprechung hat grundsätzlich nur dann zu erfolgen, wenn vom Standpunkt des Eröffnungsbeschlusses aus eine von mehreren im materiellen Sinn tatmehrheitlichen Handlungen unter keinem rechtlichen Gesichtspunkt strafbar ist; bei Tateinheit wird nur in den Gründen ein entfallender rechtlicher Gesichtspunkt erörtert. Vgl. Meyer-Goßner, § 260 RdNr. 10–18.)
„Der Angeklagte wird wegen vorsätzlicher Körperverletzung zur Geldstrafe von 30 Tagessätzen zu je 40,- € verurteilt, im Übrigen wird er freigesprochen (oder: das Verfahren eingestellt).
Soweit der Angeklagte verurteilt ist, trägt er die Verfahrenskosten und seine Auslagen; soweit er freigesprochen ist (oder: soweit das Verfahren eingestellt worden ist), fallen die Verfahrenskosten und die notwendigen Auslagen des Angeklagten der Staatskasse zur Last."

e) Inhalt der Urteilsformel im Übrigen:
(1) Nebenstrafen und Nebenfolgen wie
   – Verlust der Amtsfähigkeit und Wählbarkeit im Fall des § 45 Abs. 2 StGB
   – Fahrverbot
   – Öffentliche Bekanntmachung der Verurteilung
(2) Einziehung und Verfall
   – Verfall von Vermögensvorteil aus der Tat
   – Einziehung von Gegenständen (genau bezeichnen!)
(3) Maßregeln der Besserung und Sicherung wie
   – Unterbringung in einem psychiatrischen Krankenhaus
   – Unterbringung in einer Entziehungsanstalt
   – Unterbringung in Sicherungsverwahrung
   – Führungsaufsicht
   – Entziehung der Fahrerlaubnis und Sperrfrist
   – Berufsverbot
(4) Nichtanrechnung der erlittenen Untersuchungshaft (Ausnahme!)
(5) Strafaussetzung zur Bewährung (vgl. oben 2 A b)
   Beachte: Die Einzelanordnungen über die Aussetzung, nämlich die Bestimmung der Bewährungszeit und die Bewährungsauflagen gehören nicht in die Urteilsformel, sondern in einen gesonderten, mit dem Urteil zu verkündenden Beschluss (§ 268a StPO); ebenso Entscheidungen über die Haftfortdauer (§ 268b StPO).
(6) Verwarnung mit Strafvorbehalt (§ 59 StGB). Die Einzelanordnungen hierzu (§ 59a StGB) sind ebenfalls in einem gesonderten Beschluss zu treffen (§ 268a StPO).

Nr. 39

 B. Freisprechendes Urteil:
  „Der Angeklagte wird freigesprochen.
  Die Verfahrenskosten und die notwendigen Auslagen des Angeklagten fallen der Staatskasse zur Last."
  oder:
  „Der Angeklagte wird freigesprochen. Die Verfahrenskosten trägt die Staatskasse; seine Auslagen trägt der Angeklagte selbst" (Fall des § 467 Abs. 3 StPO).
 C. Einstellendes Urteil:
  „Das Strafverfahren gegen den Angeklagten wird eingestellt.
  Die Kosten des Verfahrens (*evtl.* und die notwendigen Auslagen des Angeklagten, *sofern nicht § 467 Abs. 3 und 4 StPO gegeben ist*) fallen der Staatskasse zur Last."

3. Urteilsgründe
 A. Bei Freispruch müssen die Urteilgründe ergeben, ob der Angeklagte nicht überführt oder ob und aus welchen Gründen die für erwiesen angenommene Tat für nicht strafbar erachtet worden ist (§ 267 Abs. 5 Satz 1 StPO), d. h. ob der Freispruch auf tatsächlichen oder rechtlichen Gründen beruht. Danach richtet sich auch der regelmäßige Aufbau.
  Bei Freispruch aus tatsächlichen Gründen:
  Wiedergabe des im Eröffnungsbeschluss zugelassenen Anklagesatzes (§ 200 Abs. 1 StPO), d. h. des „historischen" Schuldvorwurfs i. S. von § 264 StPO.
  Erwiesener Sachverhalt.
  Nicht erwiesener Sachverhalt.
  Beweiswürdigung.
  Rechtliche Erörterung, soweit noch nötig.
  Entscheidung zu Kosten und notwendigen Auslagen.
  Bei Freispruch aus Rechtsgründen:
  Schilderung der erwiesenen Tat.
  Darlegung, aus welchen Gründen diese Tat nicht strafbar ist.
  Entscheidung über Kosten und notwendige Auslagen.
 B. Bei Einstellung:
  Wiedergabe des Anklagevorwurfs.
  Rechtliche Erörterung des Prozesshindernisses.
  Kosten.
 C. Abgekürztes Urteil (vgl. § 267 Abs. 4 und 5 StPO).

4. Besetzung
 Gemäß § 76 Abs. 2 GVG i. d. F. des RechtspflegeentlastungsG v. 11. 1. 1993 kann die große Strafkammer auch mit nur zwei Berufsrichtern und 2 Schöffen besetzt sein.

d) Rechtsmittelverfahren

Nr. 40. Berufungs-(Revisions-)einlegung

Dr. Hans Hübner 55130 Mainz, 19. 4. 2005
Rechtsanwalt Lange Straße 11

An das
Amtsgericht Mainz[1]
– Strafgericht –

In der Strafsache gegen

Heinrich Albert, Angestellter, Haydnstr. 7, 55130 Mainz,

wegen Diebstahls u. a.
Az: 1 Ds 3 Js 362/01

lege ich unter Vollmachtsvorlage für den Angeklagten gegen das Urteil des Amtsgerichts Mainz – Strafgericht – vom 18. 4. 2005

Berufung (Revision)[2]

ein.

Dr. Hübner
(Dr. Hübner)
Rechtsanwalt

Anmerkungen

1. Adressat ist das Ausgangsgericht (§ 314 Abs. 1 und § 341 Abs. 1 StPO).
2. Vgl. § 335 StPO.

Nr. 41

Nr. 41. Berufungsurteil

Landgericht Bamberg
Az: 3 Ns 27 Js 328/04

Im Namen des Volkes!

Urteil

In der Strafsache gegen

Konrad Schwab, geboren am 27. 7. 1970 in Dortmund, deutscher Staatsangehöriger, verheirateter Dreher, wohnhaft in 44139 Dortmund, Essener Str. 2,

wegen Körperverletzung u. a.

hat die 3. Strafkammer des Landgerichts Bamberg in der öffentlichen Sitzung vom 15. 5. 2005, an der teilgenommen haben:

1. Vorsitzender Richter am Landgericht Dr. Oberndorfer
2. die Schöffen
   a) Erwin Schreiber, Kaufmann in Bamberg
   b) Maria Reimann, Hausfrau in Bamberg
3. Staatsanwalt Dr. Meier als Vertreter der Anklagebehörde,
4. Rechtsanwalt Gerhard Großmann, Bamberg, als Verteidiger,
5. Justizsekretär Müller als Urkundsbeamter der Geschäftsstelle

für Recht erkannt:[1]

I. Auf die Berufung des Angeklagten wird das Urteil des Amtsgerichts Bamberg vom 24. 11. 2004 aufgehoben.
II. Der Angeklagte wird freigesprochen.
III. Die Verfahrenskosten und die notwendigen Auslagen des Angeklagten fallen der Staatskasse zur Last.

Gründe:

1. Wiedergabe des Straferkenntnisses erster Instanz,
2. Bericht über die Berufungseinlegung,
3. Im Übrigen entspricht der Aufbau des Berufungsurteils dem des verurteilenden, freisprechenden oder einstellenden Strafurteils erster Instanz; vgl. Nr. 39

Dr. Oberndorfer
(Dr. Oberndorfer)
Vors. Richter am Landgericht

Nr. 41

Anmerkung

1. **Beispiele für Urteilsformeln**
   A. Die Berufung ist unzulässig oder unbegründet
      I. Die Berufung des Angeklagten gegen das Urteil des Amtsgerichts Bamberg vom 24. 11. 2004 wird verworfen.
      II. Die Kosten des Berufungsverfahrens und seine eigenen Auslagen fallen dem Angeklagten zur Last.
   B. Die Berufung ist nur teilweise begründet
      I. Auf die Berufung des Angeklagten wird das Urteil des Amtsgerichts Bamberg vom 24. 11. 2004 aufgehoben.
      II. Der Angeklagte wird wegen Diebstahls zu einer Freiheitsstrafe von 6 Monaten verurteilt. Im Übrigen wird er freigesprochen.
      III. Die Kosten des Verfahrens und seine Auslagen fallen dem Angeklagten, soweit er verurteilt ist, zur Last; soweit er freigesprochen ist, trägt die Staatskasse die Verfahrenskosten und die notwendigen Auslagen des Angeklagten.
   C. Die Berufung wurde von vornherein auf das Strafmaß beschränkt
      I. Auf die Berufung des Angeklagten wird das Urteil des Amtsgerichts Bamberg vom 24. 11. 2004 im Strafmaß aufgehoben.
      II. Der Angeklagte wird zu einer Freiheitsstrafe von 4 Monaten verurteilt.
      III. Die Kosten des Berufungsverfahrens und die notwendigen Auslagen des Angeklagten fallen der Staatskasse zur Last *(vgl. § 473 Abs. 3 StPO).*

Nr. 42

Nr. 42. Revisionsbegründung

Dr. Fritz Auer 94469 Deggendorf, 7. 12. 2004
Rechtsanwalt Lange Straße 11

An das Landgericht Deggendorf
– 2. Strafkammer –

Revisionsbegründung

in der Strafsache gegen

Max Binder, wegen Diebstahls u. a.
Az: 2 Kls 1 Js 3041/04

Zu der am 15. 11. 2001 eingelegten Revision gegen das Urteil des Landgerichts Deggendorf vom 11. 11. 2004:
Ich beantrage:[1]

I. Das Urteil des Landgerichts Deggendorf vom 11. 11. 2004 wird mit den ihm zugrunde liegenden Feststellungen aufgehoben.

II. Die Sache wird an eine andere Strafkammer des Landgerichts Deggendorf (*oder:* an ein anderes Landgericht) zu erneuter Verhandlung und Entscheidung zurückverwiesen.

Begründung:

I. Vorab weise ich auf folgende von Amts wegen zu berücksichtigende Verfahrenshindernisse hin ...

II. Ich rüge die Verletzung formellen Rechts:[2]
Hier sind Verfahrensverstöße einzeln jeweils in folgender Reihenfolge darzustellen:
a) Angabe der prozessualen Tatsache, die einen Verfahrensverstoß begründet (unerlässlich, § 344 Abs. 2 StPO)
  z. B. Nach den Schlussvorträgen und dem letzten Wort des Angeklagten wurde der Angeklagte auf die Veränderung des rechtlichen Gesichtspunktes hingewiesen. Er erklärte hierzu nichts. Staatsanwalt und Verteidiger wiederholten ihre Anträge. Danach erhielt der Angeklagte nicht mehr das letzte Wort.
b) Angabe der Beweismittel für die dargestellten Tatsachen (Protokoll, Urteil ...)
  z. B. Beweis: Protokoll der Hauptverhandlung vom 11. 11. 2004
c) Angabe des Gesetzes, gegen das im Prozess verstoßen wurde: (nicht unerlässlich, aber zweckmäßig)

z. B. Damit ist gegen § 258 Abs. 2 und 3 StPO verstoßen. Dem Angeklagten gebührt auch nach Wiederaufnahme der Verhandlung erneut das letzte Wort.

d) *Angabe der Kausalität (§§ 337, 338 StPO). Eine nähere Begründung der Kausalität ist nur im Falle des § 337 StPO notwendig, da § 338 StPO eine unwiderlegliche Vermutung aufstellt,*
z. B. Das Urteil beruht darauf (§ 337 Abs. 1 StPO), weil möglicherweise die unterbundene letzte Erklärung des Angeklagten das Gericht zu einer anderen Entscheidung veranlasst hätte.

III. Ich rüge ferner die Verletzung materiellen Rechts:[3]
nähere Ausführungen hierzu sind – anders als in der ZPO-Revision – nicht notwendig, jedoch zweckmäßig; z. B.:
1. Das Gericht hat ein Tatbestandsmerkmal der Hehlerei, § 259 StGB, nämlich ‚Ausnützen der Vortat zu eigenem Vorteil' strafschärfend berücksichtigt und damit gegen § 46 Abs. 3 StGB verstoßen.
2. Das Gericht hat zu Unrecht die Strafaussetzung zur Bewährung nicht geprüft, § 56 StGB.

Dr. Auer
(Dr. Auer)
Rechtsanwalt

Anmerkungen

1. Der Inhalt der Revisionsanträge richtet sich nach der begehrten Urteilsformel des Revisionsurteils mit einem aufhebenden und einem zur Sache entscheidenden Teil. Beachte, dass unter bestimmten Umständen das Urteil erster Instanz und das Berufungsurteil aufgehoben werden müssen (wenn etwa das Amtsgericht verurteilt und das Landgericht die Berufung verworfen hat, das Revisionsgericht aber freisprechen will).
Als Entscheidungen des Revisionsgerichts kommen in Betracht:
a) Unbegründetheit oder Unzulässigkeit der Revision:
„Die Revision des Angeklagten gegen das Urteil des Landgerichts Deggendorf vom 11. 11. 2004 wird verworfen. Die Kosten des Rechtsmittels treffen den Angeklagten."
b) Das Landgericht Deggendorf war unzuständig:
„Das Urteil des Landgerichts Deggendorf vom 11. 11. 2004 wird aufgehoben. Die Sache wird zu erneuter Verhandlung und Entscheidung an das zuständige Landgericht Passau verwiesen."
c) Die Feststellungen des Landgerichts Deggendorf sind nicht zu beanstanden, aber das Gesetz ist falsch angewandt:
– weitere Klärung, sei es auch nur zum Strafmaß, nötig:
„Das Urteil des Landgerichts Deggendorf vom 11. 11. 2004 wird aufgehoben. Die Sache wird an eine andere Strafkammer des Landgerichts Deggendorf *(oder an ein anderes Landgericht)* zu erneuter Verhandlung und Entscheidung zurückverwiesen."

Nr. 42

– keine weitere Klärung nötig:

„Das Urteil des Landgerichts Deggendorf vom 11. 11. 2004 wird aufgehoben. Der Angeklagte wird freigesprochen. Die Kosten des Verfahrens und die notwendigen Auslagen des Angeklagten trägt die Staatskasse."

d) Die Feststellungen des Landgerichts beruhen auf Gesetzesverletzungen (vgl. Meyer-Goßner, § 353, RdNr. 12 ff.):

„Das Urteil des Landgerichts Deggendorf vom 11. 11. 2004 wird samt den ihm zugrunde liegenden Feststellungen *(oder: im Strafausspruch mit den zugehörigen Feststellungen)* aufgehoben. Die Sache wird an eine andere Strafkammer des Landgerichts Deggendorf *(oder ein anderes Landgericht)* zurückverwiesen."

2. Der Revisionsrichter muss bei der Prüfung der gerügten Verfahrensfehler mit den Tatsachenangaben in der Revisionsbegründung und den gesetzlichen Bestimmungen auskommen können.

3. Der Revisionsrichter darf nur prüfen, ob das materielle Strafrecht auf den im tatrichterlichen Urteil festgestellten Sachverhalt richtig angewendet worden ist.

e) Wiederaufnahme

Nr. 43. Wiederaufnahmeantrag

Dr. Norbert Hanfstengel 64289 Darmstadt, 17. 11. 2004
Rechtsanwalt Ebertallee 192

An das
Amtsgericht Bensheim[1]
– Strafgericht –

In der Strafsache gegen

Johann Fischer, Landwirt, Hauptstr. 15, 64347 Griesheim,

wegen eines Vergehens der Wilderei

beantrage ich als Verteidiger des Angeklagten, gemäß § 359 Nr. 5 StPO die Wiederaufnahme des durch rechtskräftiges Urteil des Amtsgerichts Darmstadt vom 10. 9. 2003 (Ds 3 Js 822/02) abgeschlossenen Verfahrens zugunsten des Verurteilten anzuordnen und die Vollstreckung des Urteils aufzuschieben.

Begründung:

Kurze Schilderung des zur Last gelegten Sachverhalts und des Straferkenntnisses. Sodann: Gemäß § 359 Nr. 5 StPO wird folgende neue Tatsache behauptet und unter Beweis gestellt: ...

Diese Tatsache ist geeignet, die Freisprechung des Angeklagten zu begründen, weil ...

Bei dieser Sachlage ist der Aufschub der Vollstreckung geboten.

Dr. Hanfstengel
(Dr. Hanfstengel)
Rechtsanwalt

Anmerkung

1. Zur Zuständigkeit vgl. § 140a GVG. Der Antrag kann auch bei dem Gericht eingereicht werden, dessen Urteil angefochten wird; dieses leitet dann den Antrag dem zuständigen Gericht zu (§ 367 Abs. 1 Satz 2 StPO).

Nr. 44

Nr. 44. Wiederaufnahme des Verfahrens

(1) Beschluss über die Zulässigkeit des Antrags gem. § 368 StPO

Amtsgericht Bensheim[1]
Az: 2 Ds 3 Js 822/00

In der Strafsache gegen

Johann Fischer, geb. am 12. 7. 1965 in Marxgrün, Lkr. Darmstadt, deutscher Staatsangehöriger, verh., Landwirt, wohnhaft in 64347 Griesheim, Hauptstr. 15,

wegen eines Vergehens der Wilderei

erlässt das Amtsgericht Bensheim durch Richter am Amtsgericht Dr. Meier am 17. 3. 2005 folgenden

Beschluss:

Der Wiederaufnahmeantrag des Angeklagten vom 17. 11. 2004 gegen das Urteil des Amtsgerichts Darmstadt vom 10. 9. 2000 – Ds 3 Js 822/00 – wird zugelassen.[2]

Gründe:

Kurze rechtliche Würdigung.

z. B. Der Angeklagte hat in dem Wiederaufnahmeantrag neue Tatsachen und Beweismittel beigebracht, die geeignet sind, seine Freisprechung zu begründen (§ 359 Nr. 5 StPO) ...

Meier
(Dr. Meier)
Richter am Amtsgericht

Anmerkungen

1. Zur Zuständigkeit vgl. § 140a GVG.
2. Der verwerfende Beschluss würde lauten:
   Der Antrag des Angeklagten auf Wiederaufnahme des durch rechtskräftiges Urteil des Amtsgerichts Darmstadt vom 10. 9. 2003 abgeschlossenen Verfahrens wird auf seine Kosten als unzulässig verworfen.

Nr. 44

(2) Beschluss über die Begründetheit des Antrags gem. § 370 StPO

Amtsgericht Bensheim[1]
Az: 2 Ds 3 Js 822/03   (Rubrum wie oben)

Beschluss:[2]
  I. Die Wiederaufnahme des durch rechtskräftiges Urteil des Amtsgerichts Darmstadt vom 10. 9. 2003 (Ds 3 Js 822/00) abgeschlossenen Verfahrens wird angeordnet.
 II. Die Hauptverhandlung ist zu erneuern.
III. Die Vollstreckung des bezeichneten Urteils ist aufzuschieben *(oder:* zu unterbrechen).

Gründe:

a) *Wiedergabe der wesentlichen Gründe des rechtskräftigen Urteils*
b) Der Wiederaufnahmeantrag vom 17. 11. 2004 macht hierzu folgende Tatsachen und Beweismittel geltend: *folgt Wiedergabe des Wiederaufnahmeantrags*
c) *Feststellung der Zulässigkeit des Antrags:* ......
  Die nach Zulassung des Antrags durchgeführte Beweisaufnahme hat ergeben, dass ...
d) *Feststellung der Begründetheit des Antrags:* ......
e) *Begründung zu § 360 Abs. 2 StPO.*

   Meier
   (Dr. Meier)
Richter am Amtsgericht

Anmerkungen

1. Zur Zuständigkeit vgl. § 140a GVG.

2. Der verwerfende Beschluss würde lauten:
Der Antrag des Angeklagten auf Wiederaufnahme des durch rechtskräftiges Urteil des Amtsgerichts Darmstadt vom 10. 9. 2003 abgeschlossenen Verfahrens wird auf seine Kosten als unbegründet verworfen.

C. VERWALTUNGSRECHT

I. Erstentscheidungen der Verwaltungsbehörden

Nr. 45. Bescheid einer Kreisverwaltungsbehörde

Landratsamt Bayreuth 95444 Bayreuth, 4. 2. 2005
II/6–602–1/925/04

Gegen Postzustellungsurkunde

Frau
Dr. Waltraut Jackermeier
Nürnberger Str. 9
95448 Bayreuth

Baurecht;

Neubau eines Wohnhauses auf dem Grundstück Fl.Nr. 327 Gemarkung Bayreuth
Zum Antrag auf Erteilung einer baurechtlichen Genehmigung vom 18. 4. 2004

Anlagen: 1 Kostenrechnung
 1 Zahlkarte
 1 Kopie dieses Bescheides
Das Landratsamt Bayreuth erlässt folgenden

Bescheid:

1. Der Antrag auf Erteilung einer baurechtlichen Genehmigung wird abgelehnt.[1]
2. Die Antragstellerin hat die Kosten des Verfahrens zu tragen.
3. Für diesen Bescheid wird eine Gebühr von 200 € festgesetzt.

Gründe:[2]

I.
Sachdarstellung, soweit für die rechtliche Begründung von Bedeutung.

II.
Darlegung der wesentlichen Gründe des Bescheids, z. B.

Nr. 45

1. Das Landratsamt Bayreuth ist zur Entscheidung über den Bauantrag sachlich und örtlich zuständig (Art. 61 BayBO i. V. mit Art. 3 Abs. 1 Nr. 1 BayVwVfG).
2. Der Antrag auf Erteilung der nach Art. 62 ff. BayBO erforderlichen Baugenehmigung war abzulehnen, weil das Vorhaben den öffentlich-rechtlichen Vorschriften widerspricht, die im bauaufsichtlichen Verfahren zu prüfen sind (Art. 72 Abs. 1 BayBO).
.....

III.
Kostenentscheidung; in Bayern Art. 1, 2, 6, 8, 10 BayKG i. V. mit dem Kostenverzeichnis zum BayKG, z. B.:
Die Kostenentscheidung beruht auf Art. ...
Die Höhe der Gebühr ergibt sich aus Art. ...

Rechtsbehelfsbelehrung:[3]
Gegen diesen Bescheid kann innerhalb eines Monats nach seiner Bekanntgabe Widerspruch erhoben werden. Der Widerspruch ist schriftlich oder zur Niederschrift beim Landratsamt Bayreuth in 95448 Bayreuth, Tunnelstr. 2 einzulegen.
Sollte über den Widerspruch ohne zureichenden Grund in angemessener Frist sachlich nicht entschieden werden, so kann Klage beim Bayerischen Verwaltungsgericht Bayreuth in 95444 Bayreuth, Friedrichstr. 16, schriftlich oder zur Niederschrift des Urkundsbeamten der Geschäftsstelle dieses Gerichts erhoben werden. Die Klage kann nicht vor Ablauf von drei Monaten nach Einlegung des Widerspruchs erhoben werden, außer wenn wegen besonderer Umstände des Falles eine kürzere Frist geboten ist.
Die Klage muss den Kläger, den Beklagten (Freistaat Bayern)[4] und den Gegenstand des Klagebegehrens bezeichnen. Sie soll einen bestimmten Antrag enthalten. Die zur Begründung dienenden Tatsachen und Beweismittel sollen angegeben, der angefochtene Bescheid soll in Urschrift oder in Abschrift beigefügt werden. Der Klage und allen Schriftsätzen sollen Abschriften für die übrigen Beteiligten beigefügt werden.

Teuer
(Dr. Teuer)
Oberregierungsrat

Nr. 45

Anmerkungen

1. Hält die Behörde den Antrag für zulässig und begründet, so erlässt sie z.B. folgenden Verwaltungsakt:
 „1. Das Bauvorhaben wird unter nachfolgenden Auflagen genehmigt:
 ...
 ..."
2. Zur Begründung des Verwaltungsakts s. auch die Bestimmungen der Verwaltungsverfahrensgesetze (in Bayern: Art. 39 BayVwVfG).
3. Zur Rechtsbehelfsbelehrung im Einzelnen s. Bekanntmachung des Bayerischen Staatsministeriums des Innern über den Vollzug der Verwaltungsgerichtsordnung, Rechtsbehelfsbelehrungen, vom 10.3.1980, abgedr. bei Ziegler-Tremel, Nr. 904.
4. Der Freistaat Bayern ist Beklagter, weil das Landratsamt als Kreisverwaltungsbehörde entschieden hat (Art. 59 Abs. 1 BayBO). Ist untere Bauaufsichtsbehörde eine kreisfreie Stadt, so ist diese Beklagte (vgl. § 78 VwGO).

Nr. 46

Nr. 46. Aussetzung der Vollziehung

Landratsamt Pfaffenhofen a. d. Ilm　　　85276 Pfaffenhofen a. d. Ilm,
1/649/BV P 426/04　　　　　　　　　　　17. 1. 2005

Gegen Empfangsbestätigung

1. Herrn Rechtsanwalt
   Karl Taube
   Ingolstädter Str. 41
   85276 Pfaffenhofen a. d. Ilm
2. Herrn Rechtsanwalt
   Anton Karrer
   Münchner Str. 23
   85276 Pfaffenhofen a. d. Ilm

Neubau eines Bürogebäudes auf dem Grundstück Fl. Nr. 899 Gemarkung Pfaffenhofen a. d. Ilm
Bauherr: Adolf Kapellmeier, Hauserweg 21, 85276 Pfaffenhofen a. d. Ilm
Zum Antrag vom 27. 8. 2004 auf Erteilung einer baurechtlichen Genehmigung

Das Landratsamt Pfaffenhofen a. d. Ilm erlässt folgenden

Bescheid:

Die Vollziehung der mit Bescheid des Landratsamtes Pfaffenhofen a. d. Ilm vom 22. 11. 2004 erteilten Baugenehmigung zum Neubau eines Bürogebäudes auf dem Grundstück Fl. Nr. 899 Gemarkung Pfaffenhofen a. d. Ilm wird ausgesetzt.[1]

Gründe:

I.

Kurze Sachdarstellung, soweit für die rechtliche Begründung von Bedeutung

II.

Darlegung der wesentlichen Gründe, hier:
1. Sachliche und örtliche Zuständigkeit des Landratsamtes
(sachliche Zuständigkeit in Bayern: Art. 59, 61 Abs. 1 BayBO)
2. Wegfall der aufschiebenden Wirkung des Widerspruchs des Nachbarn gegen die Baugenehmigung, § 212a BauGB in Verb. mit Art. 80 Abs. 2 Nr. 3 VwGO.

Nr. 46

3. *Begründung der Aussetzung der Vollziehung (§ 80a Abs. 1 Nr. 2 VwGO)*
4. *Evtl. Kostenentscheidung*[1]
5. *Hinweis*:
Gegen diese Anordnung kann beim Bayer. Verwaltungsgericht München, Bayerstraße 30, 80335 München, Antrag auf Aufhebung oder Änderung gestellt werden (§ 80a Abs. 3 VwGO).
Der Antrag ist schon vor Erhebung der Anfechtungsklage zulässig.

Körner
(Körner)
Regierungsrat

Anmerkung

1. Für die Entscheidung über die Aussetzung der Vollziehung werden in Bayern keine Kosten erhoben (Art. 3 Abs. 1 Nr. 14 BayKG). Andernfalls würde der Bescheid z. B. lauten:
   1. ….
   2. Die Kosten des Verfahrens hat der Antragsteller zu tragen.
   3. Für diesen Bescheid wird eine Gebühr von 30 € festgesetzt.

Nr. 47

Nr. 47. Bußgeldbescheid[1]

Gemeinde Neustadt am Main   97845 Neustadt am Main, 7. 1. 2005
Amt für öffentliche Ordnung
3212.20/04

Einschreiben

Herrn
Anton Horstmann
Frankenberger Str. 15
97845 Neustadt

Geburtstag
13. 2. 1955
Geburtsort
Bad Homburg

Gesetzlicher Vertreter: –

Verteidiger: Rechtsanwalt Dr. Hans Neuberger, Lohrer Str. 27, 97845 Neustadt

Nebenbeteiligte(r):[2] –

Bußgeldbescheid[3]

Sehr geehrter Herr Horstmann,
Ihnen wird zur Last gelegt, folgende Ordnungswidrigkeit begangen zu haben:
– *Tatort (Ort, Gemeinde, Landkreis), Tatzeit (Tag, Monat, Jahr, Uhrzeit, evtl. Dauer) und Tathergang* –

Die Tat wurde begangen
  ☐ vorsätzlich
  ☐ fahrlässig

Verletzte Vorschriften:

Zuständigkeitsvorschrift für die Ahndung:[4]

Beweismittel:

Gemäß §§ …[5] des Gesetzes über Ordnungswidrigkeiten in Verbindung mit § 464 Abs. 1 und § 465 StPO
1. wird hiermit gegen Sie eine Geldbuße festgesetzt in Höhe von 200 € (in Worten: zweihundert Euro),
2. werden folgende Nebenfolgen angeordnet: …
3. haben Sie die Kosten (Gebühren und Auslagen) des Verfahrens zu tragen. Für diesen Bescheid wird eine Gebühr von 25 € festgesetzt. Daneben haben Sie die angefallenen Auslagen zu tragen.

Nr. 47

Zur Beachtung!
Bitte auf Grund dieses Bußgeldbescheids allein noch keine Zahlung leisten! Erst nach Erhalt der Kostenrechnung ist der Gesamtbetrag innerhalb einer Frist von 2 Wochen zur Zahlung fällig.
Der mit gesonderter Kostenrechnung bekanntgegebene Gesamtbetrag ist unter Angabe der Block- und Blattnummer entweder einzuzahlen bei
der Stadthauptkasse, Berliner Str. 10, Neustadt
oder zu überweisen auf das Konto Nr. 4041 BLZ 50032570 bei der Städtischen Sparkasse Neustadt am Main.
Wenn Sie zahlungsunfähig sind, haben Sie spätestens zwei Wochen nach Rechtskraft dieses Bußgeldbescheides der Behörde, die diesen Bußgeldbescheid erlassen hat, schriftlich oder zur Niederschrift darzulegen, warum Ihnen die fristgerechte Zahlung nach Ihren wirtschaftlichen Verhältnissen nicht zuzumuten ist.
Falls Sie diese Zahlungsfrist nicht einhalten und auch Ihre Zahlungsunfähigkeit nicht rechtzeitig darlegen, kann der fällige Betrag zwangsweise beigetrieben oder Erzwingungshaft bis zur Dauer von sechs Wochen angeordnet werden.

Rechtsbehelfsbelehrung

Der Bußgeldbescheid wird rechtskräftig und vollstreckbar, wenn Sie nicht innerhalb von zwei Wochen nach seiner Zustellung schriftlich oder zur Niederschrift bei der Verwaltungsbehörde, die ihn erlassen hat, Einspruch einlegen (§ 67 OWiG). Die Frist ist nur dann gewahrt, wenn der Einspruch vor Fristablauf bei der Behörde eingeht. Das Amtsgericht entscheidet über den Einspruch auf Grund einer Hauptverhandlung, ohne dabei an die im Bußgeldbescheid festgesetzte Höhe der Geldbuße gebunden zu sein. In diesem Falle kann das Gericht auch eine höhere Geldbuße festsetzen, wenn ihm dies nach dem Ergebnis der Hauptverhandlung angemessen erscheint (§ 71 OWiG, § 411 Abs. 4 StPO).
Das Gericht kann auch ohne Hauptverhandlung durch Beschluss entscheiden, wenn weder Sie noch die Staatsanwaltschaft diesem Verfahren widersprechen; in diesem Fall darf das Gericht von der im Bußgeldbescheid getroffenen Entscheidung nicht zu Ihrem Nachteil abweichen (§ 72 Abs. 2 Satz 1 und Abs. 3 Satz 2 OWiG).

Mit freundlichen Grüßen

Helmholtz
(Helmholtz)

Nr. 47

Anmerkungen

1. Dieses Formular wird in Bayern für Bußgeldbescheide – mit Ausnahme des Bereichs des Straßenverkehrsrechts – verwendet (vgl. Bek. des Bayer. Staatsministeriums des Innern über den Vollzug des Gesetzes über Ordnungswidrigkeiten vom 22. 3. 1989, AllMBl 1989 S. 407).
2. Nebenbeteiligter im Sinn des § 66 Abs. 1 Nr. 1 OWiG ist derjenige, dessen Verfahrensbeteiligung nach § 87 Abs. 1 oder § 88 Abs. 1 OWiG angeordnet worden ist.
3. Der Inhalt des Bußgeldbescheids ergibt sich aus § 66 OWiG.
4. Anzugeben sind die Vorschriften über die sachliche und örtliche Zuständigkeit. Die für die Verfolgung und Ahndung von Ordnungswidrigkeiten sachlich zuständigen Verwaltungsbehörden sind durch Gesetz oder Rechtsverordnung bestimmt (§§ 35, 36 OWiG); in Bayern vgl. insbesondere die VO über Zuständigkeiten im Ordnungswidrigkeitenrecht (ZuVOWiG) vom 21. 10. 1997, abgedr. bei Ziegler-Tremel, Nr. 540). Die örtliche Zuständigkeit ergibt sich aus § 37 OWiG.
5. In der Regel sind nur die §§ 17, 105, 107 OWiG anzugeben.

II. Verwaltungsrechtliches Vorverfahren

Nr. 48. Widerspruchsbescheid[1]

Regierung von Oberfranken 95444 Bayreuth, 10. 1. 2005
224/1-5877 BT 13-2

Gegen Empfangsbekenntnis[2]
Herrn Rechtsanwalt
Dr. Max Meier
Fürther Str. 27
95445 Bayreuth

Baurecht;
Widerspruch von Frau Dr. Waltraut Jackermeier, 95445 Bayreuth, gegen den Bescheid des Landratsamts Bayreuth vom 15. 11. 2004 (Ablehnung der Erteilung einer Baugenehmigung auf dem Grundstück Fl. Nr. 327 der Gemarkung Bayreuth)

Die Regierung von Oberfranken erlässt folgenden

Widerspruchsbescheid:[3]

1. Der Widerspruch wird zurückgewiesen.
2. Die Widerspruchsführerin hat die Kosten des Widerspruchsverfahrens zu tragen.[3]
3. Für diesen Bescheid wird eine Gebühr von 300 € und ein Auslagenbetrag von 12 € festgesetzt.

Gründe:

I.

Kurze Darstellung des Sachverhalts.

II.

Wesentliche Gründe des Bescheides, vor allem:
1. Sachliche und örtliche Zuständigkeit (§ 73 VwGO)
2. Zulässigkeit (Ausführungen nur, soweit zweifelhaft)
3. Begründetheit (§ 68 Abs. 1 Satz 1 VwGO)
4. Kostenentscheidung[4]

Nr. 48

Rechtsbehelfsbelehrung[5]

Gegen den Bescheid des Landratsamts Bayreuth vom 15. 11. 2004 kann innerhalb eines Monats nach Zustellung dieses Widerspruchsbescheids Klage bei dem Bayerischen Verwaltungsgericht Bayreuth, 95444 Bayreuth, Friedrichstr. 16, schriftlich oder zur Niederschrift des Urkundsbeamten der Geschäftsstelle dieses Gerichts erhoben werden. Die Klage muss den Kläger, den Beklagten (Freistaat Bayern) und den Gegenstand[5] des Klagebegehrens bezeichnen und soll einen bestimmten Antrag enthalten. Die zur Begründung dienenden Tatsachen und Beweismittel sollen angegeben, der angefochtene Bescheid und dieser Widerspruchsbescheid sollen in Urschrift oder in Abschrift beigefügt werden. Der Klage und allen Schriftsätzen sollen Abschriften für die übrigen Beteiligten beigefügt werden.

Rohmer
(Rohmer)
Regierungsdirektor

Anmerkungen

1. Möglich ist auch ein Aufbau, der sich am Rubrum einer Gerichtsentscheidung orientiert: *In dem Widerspruchsverfahren ... – Widerspruchsführer – gegen ... – Widerspruchsgegner (entfällt, wenn Ausgangsbehörde und Widerspruchsbehörde identisch) – wegen ... erlässt die .... folgenden Widerspruchsbescheid: ...*
In Bremen, Hamburg und Schleswig-Holstein ist dieser Aufbau üblich. Er erfordert zusätzlich den Entwurf einer Begleitverfügung.
2. Vgl. § 73 Abs. 3 Satz 2 VwGO i.V. mit § 5 VwZG. Die Landesregelung in Bayern (Art. 5 VwZVG), die den Begriff „Empfangsbestätigung" verwendet, ist hier nicht einschlägig.
3. Fassung des Tenors, wenn der Widerspruch Erfolg hat:
   I. Auf den Widerspruch vom ... wird der Bescheid des ... vom ... Az. ... aufgehoben.
   II. (*Vier Möglichkeiten*:
   – neue Sachentscheidung durch die Widerspruchsbehörde
   – Anweisung an die Kreisverwaltungsbehörde, dass sie zu entscheiden habe
   – Anweisung an die Kreisverwaltungsbehörde, dass und wie sie zu entscheiden habe
   – außer der Aufhebung des Erstbescheides ist nichts weiter zu veranlassen).
   III. (*Kostenentscheidung*, s. Anm. 4).
4. Zur Kostenentscheidung vgl. § 73 Abs. 3 Satz 3 VwGO sowie Art. 1, 80 BayVwVfG bzw. die entsprechenden Verwaltungsverfahrensgesetze des Bundes und der Länder.

5. Vgl. auch Bekanntmachung des Bayerischen Staatsministeriums des Innern über den Vollzug der Verwaltungsgerichtsordnung, Rechtsbehelfsbelehrungen, vom 10. 3. 1980, abgedr. bei Ziegler-Tremel, Nr. 904.

6. Die Anfechtungsklage richtet sich grundsätzlich gegen den Erstbescheid, und zwar in der Gestalt, die er durch den Widerspruchsbescheid gefunden hat.

Nr. 49

III. Entscheidungen des Verwaltungsgerichts

a) Einzelne gerichtliche Beschlüsse

Nr. 49. Einstellungsbeschluss des Verwaltungsgerichts

hier: Hauptsacheerledigung

M 3 K 04.242

Bayerisches Verwaltungsgericht München

In der Verwaltungsstreitsache[1]

Otto Perchtheim, Orffstr. 17, 83671 Benediktbeuren,   – Kläger –
Bevollmächtigte: Rechtsanwälte Dr. Hans Kerl und Hermann Heuer, Münchner Str. 11, 82362 Weilheim,

gegen

die Gemeinde Benediktbeuren,   – Beklagte –
vertreten durch den 1. Bürgermeister

wegen

Kanalherstellung

erlässt das Bayerische Verwaltungsgericht München, 3. Kammer, durch Richter am Verwaltungsgericht Franzen[2]

am 17. Januar 2005

ohne mündliche Verhandlung folgenden

Beschluss:

I. Das Verfahren wird eingestellt.
II. Die Beklagte trägt die Kosten des Verfahrens.
III. Der Streitwert wird auf 7500 € festgesetzt.

Gründe:

Kurze Darstellung der Gründe des Beschlusses, z. B.
Das Verfahren ist in entsprechender Anwendung des § 92 Abs. 3 Satz 1 der Verwaltungsgerichtsordnung – VwGO – einzustellen, da die Parteien mit den am 2. und 8. 11. 2004 bei Gericht eingegangenen Erklärungen die Hauptsache übereinstimmend für erledigt erklärt haben.

Nr. 49

Kostenentscheidung (§ 161 Abs. 2 VwGO), z. B.
Über die Kosten des Verfahrens ist gemäß § 161 Abs. 2 VwGO nach billigem Ermessen zu entscheiden. Billigem Ermessen entspricht es im vorliegenden Fall, die Kosten ... *(kurze Begründung)*
Streitwertfestsetzung (§ 52 Abs. 1 und 2GKG).

Rechtsmittelbelehrung[3]
Ziffern I und II des Beschlusses sind unanfechtbar (§ 158 VwGO).
Gegen die Streitwertfestsetzung (Ziffer III des Beschlusses) steht den Beteiligten die Beschwerde an den Bayerischen Verwaltungsgerichtshof zu, wenn der Wert des Beschwerdegegenstandes 200 € übersteigt (§ 68 Abs. 1 GKG). Die Beschwerde ist innerhalb von sechs Monaten, nachdem die Entscheidung in der Hauptsache Rechtskraft erlangt oder das Verfahren sich anderweitig erledigt hat, beim Bayerischen Verwaltungsgericht München

    Hausanschrift: Bayerstraße 30, 80335 München, oder
    Postanschrift: Postfach 20 05 43, 80005 München

schriftlich oder zur Niederschrift des Urkundsbeamten der Geschäftsstelle einzulegen.
Ist der Streitwert später als einen Monat vor Ablauf dieser Frist festgesetzt worden, kann die Beschwerde auch noch innerhalb eines Monats nach Zustellung oder formloser Mitteilung des Festsetzungsbeschlusses eingelegt werden.
Der Beschwerdeschrift eines Beteiligten sollen Abschriften für die übrigen Beteiligten beigefügt werden.

Franzen
(Franzen)

Anmerkung

1. In anderen Bundesländern werden abweichende Bezeichnungen verwendet (z. B. in Bremen, Hamburg und Schleswig-Holstein: Verwaltungsrechtssache).
2. Zuständigkeit des Vorsitzenden oder des Berichterstatters gem. §§ 87, 87a VwGO.
3. Beschwerde gegen Streitwertbeschluss bei Erledigung der Hauptsache.

Nr. 50

Nr. 50. Wiederherstellung der aufschiebenden Wirkung durch das Verwaltungsgericht

10 L 190/04

Verwaltungsgericht Berlin

In dem verwaltungsgerichtlichen Verfahren

Hans Egon Köllner, Kaufmann — Antragsteller —
58/75 Mae Luan Rd./P.O.Box 245, 83000 Phuket, Thailand
Prozessbevollmächtigter: Rechtsanwalt Dr. Hans Sanft, Kaulbachstr. 11, 80539 München

gegen

die Bundesrepublik Deutschland, — Antragsgegnerin —
vertreten durch das Auswärtige Amt, Referat 514, 11013 Berlin

wegen

Passentziehung;
hier: Antrag nach § 80 Abs. 5 VwGO

erlässt das Verwaltungsgericht Berlin, 12. Kammer, durch Richter am Verwaltungsgericht Pfeil[1]

am 17. Januar 2005

ohne mündliche Verhandlung folgenden

Beschluss:[2]

I. Die aufschiebende Wirkung der am 30. 12. 2004 erhobenen Klage des Antragstellers gegen den Bescheid der Botschaft der Bundesrepublik Deutschland in Bangkok vom 3. 12. 2004 – 11 K 10.691/04 – wird wieder hergestellt.
II. Die Antragsgegnerin trägt die Kosten des Verfahrens.
III. Der Streitwert wird auf 5000 € festgesetzt.

Gründe:[3]

Kurze Darstellung des Sachverhalts und der tragenden Gründe des Beschlusses, z. B.
Der Antrag hat Erfolg.
Die Klage hat gem. § 80 Abs. 2 Satz 1 Nr. 4 VwGO keine aufschiebende Wirkung. Um diese herbeizuführen, bedarf es der Entscheidung des Gerichts nach § 80 Abs. 5 Satz 1 VwGO.

Nr. 50

Die Antragsgegnerin hat das öffentliche Interesse an der sofortigen Vollziehung schriftlich begründet (§ 80 Abs. 3 Satz 1 VwGO). Sie hat ausgeführt, dass ...
Erfolgsaussichten in der Hauptsache (summarische Prüfung)
Da sich derzeit weder feststellen lässt, dass das Begehren im Hauptsacheverfahren offensichtlich begründet ist, noch dass es offensichtlich unbegründet ist, war eine Interessenabwägung vorzunehmen. Diese führt nach Überzeugung des Gerichts dazu, dass ...
Folgt Rechtsgrundlage der Kostenentscheidung (§ 154 Abs. 1 VwGO), und der Streitwertfestsetzung (§§ 52 Abs. 1 und 2, 53 Abs. 3 Nr. 2 GKG).

Rechtsmittelbelehrung:

Gegen Ziffer I und II dieses Beschlusses steht den Beteiligten die Beschwerde beim Oberverwaltungsgericht Berlin zu. Die Beschwerde ist innerhalb von zwei Wochen nach Bekanntgabe des Beschlusses beim Verwaltungsgericht Berlin, Kirchstr. 7, 10557 Berlin schriftlich oder zur Niederschrift des Urkundsbeamten der Geschäftsstelle einzulegen.
Die Beschwerde ist innerhalb eines Monats nach Bekanntgabe der Entscheidung zu begründen. Die Begründung ist, sofern sie nicht bereits mit der Beschwerde vorgelegt worden ist, bei dem Oberverwaltungsgericht Berlin, einzureichen. Sie muss einen bestimmten Antrag enthalten, die Gründe darlegen, aus denen die Entscheidung abzuändern oder aufzuheben ist, und sich mit der angefochtenen Entscheidung auseinander setzen.[4]
Im Beschwerdeverfahren muss sich jeder Beteiligte, soweit er einen Antrag stellt, durch einen Rechtsanwalt oder Rechtslehrer an einer deutschen Hochschule im Sinne des Hochschulrahmengesetzes mit Befähigung zum Richteramt als Bevollmächtigten vertreten lassen. Juristische Personen des öffentlichen Rechts und Behörden können sich auch durch Beamte oder Angestellte mit Befähigung zum Richteramt sowie Diplom-Juristen im höheren Dienst, Gebietskörperschaften auch durch Beamte und Angestellte mit Befähigung zum Richteramt der zuständigen Aufsichtsbehörde oder des jeweiligen kommunalen Spitzenverbandes des Landes, dem sie als Mitglied zugehören, vertreten lassen.[5, 6, 7]
Gegen Ziffer III dieses Beschlusses steht den Beteiligten die Beschwerde an das Oberverwaltungsgericht Berlin zu, wenn der Wert des Beschwerdegegenstandes 50 € übersteigt. Die Beschwerde ist innerhalb von sechs Monaten, nachdem die Entscheidung in der Hauptsache Rechtskraft erlangt oder das Verfahren sich anderweitig erledigt hat, beim Verwaltungsgericht Berlin, Kirchstr. 7, 10557 Berlin, schriftlich oder zur Niederschrift des Urkundsbeamten der Geschäftsstelle einzulegen. Ist der Streitwert später als einen Monat vor Ablauf dieser Frist festgesetzt worden, kann die Beschwerde auch noch innerhalb eines Monats nach

Nr. 50

Zustellung oder formloser Mitteilung des Festsetzungsbeschlusses eingelegt werden.

Der Antragsschrift eines Beteiligten sollen Abschriften für die übrigen Beteiligten beigefügt werden.

Pfeil
(Pfeil)

Anmerkungen

1. Übertragung auf Einzelrichter durch Beschluss der Kammer gem. § 6 VwGO.
2. Andere Beispiele:
   I. Der Antrag wird abgelehnt.
   II. Der Antragsteller hat die Kosten des Verfahrens zu tragen.
   III. Der Streitwert wird auf 2000 € festgesetzt.
   oder (wenn die Begründung der sofortigen Vollziehung nach § 80 Abs. 3 VwGO unzureichend ist):
   I. Die sofortige Vollziehung des Bescheides der Botschaft der Bundesrepublik Deutschland in Bangkok vom 3. 12. 2004 – 11 K 10.691/04 – wird aufgehoben.
   II. Die Antragsgegnerin trägt die Kosten des Verfahrens.
   III. Der Streitwert wird auf 2000 € festgesetzt.
3. Zur Begründungspflicht bei Beschlüssen vgl. § 122 Abs. 2 VwGO.
4. Mangelt es an einem dieser Erfordernisse, ist die Beschwerde als unzulässig zu verwerfen. Das Oberverwaltungsgericht prüft nur die dargelegten Gründe (vgl. § 146 Abs. 4 VwGO).
5. *Ggf. Zusatz*: „In Angelegenheiten der Kriegsopferfürsorge und des Schwerbehindertenrechts sowie der damit in Zusammenhang stehenden Angelegenheiten des Sozialhilferechts sind vor dem Oberverwaltungsgericht als Prozessbevollmächtigte auch Mitglieder und Angestellte von Verbänden im Sinne des § 14 Abs. 3 Satz 2 des Sozialgerichtsgesetzes und von Gewerkschaften zugelassen, sofern sie kraft Satzung oder Vollmacht zur Prozessvertretung befugt sind."
6. *Ggf. Zusatz*: „In Abgabenangelegenheiten sind vor dem Oberverwaltungsgericht als Prozessbevollmächtigte auch Steuerberater und Wirtschaftsprüfer zugelassen."
7. *Ggf. Zusatz*: „In Angelegenheiten, die Rechtsverhältnisse im Sinne des § 52 Nr. 4 der Verwaltungsgerichtsordnung betreffen, in Personalvertretungsangelegenheiten und in Angelegenheiten, die in einem Zusammenhang mit einem gegenwärtigen oder früheren Arbeitsverhältnis von Arbeitnehmern im Sinne des § 5 des Arbeitsgerichtsgesetzes stehen einschließlich Prüfungsangelegenheiten, sind vor dem Oberverwaltungsgericht als Prozessbevollmächtigte auch Mitglieder und Angestellte von Gewerkschaften zugelassen, sofern sie kraft Satzung oder Vollmacht zur Vertretung befugt sind."

Nr. 51. Einstweilige Anordnung des Verwaltungsgerichts

M 4 E 04.15

Bayerisches Verwaltungsgericht München

In der Verwaltungsstreitsache

Karl Schorn, Rentner, Schlossstr. 4, 85737 Ismaning — Antragsteller —
Bevollmächtigter: Rechtsanwalt Hennig Nörr, Luisenstr. 25,
80333 München

gegen

den Landkreis München, — Antragsgegner —
vertreten durch den Landrat

wegen

Sozialhilfe; hier: Antrag nach § 123 VwGO
erlässt das Bayerische Verwaltungsgericht München, 4. Kammer, durch
Richterin am Verwaltungsgericht Reichel[1]

am 17. Januar 2005

ohne mündliche Verhandlung folgenden

Beschluss:

I. Der Antragsgegner wird verpflichtet, als Bedarf des Antragstellers und seiner Ehefrau für Unterkunft und Heizung vorerst weitere 140,- € im Monat zu berücksichtigen. Im Übrigen wird der Antrag abgelehnt.
II. Der Antragsteller trägt ein Fünftel, der Antragsgegner vier Fünftel der Kosten des Verfahrens.
Gerichtskosten werden nicht erhoben.

Gründe:

*Kurze Darstellung des Sachverhalts,
tragende Gründe des Beschlusses,
insbes, Glaubhaftmachung des Anordnungsanspruchs und des Anordnungsgrundes (§ 123 VwGO),
grundsätzlich keine Vorwegnahme der Hauptsache,
Kostenentscheidung (§§ 155 Abs. 1 Satz 1 Alternative. 1, ggf. § 162 Abs. 3 VwGO, Nichterhebung von Gerichtskosten gem. § 188 Satz 2 VwGO).*[2]

Nr. 51

Rechtsmittelbelehrung

Gegen diesen Beschlusses steht den Beteiligten die Beschwerde beim Bayerischen Verwaltungsgerichtshof zu. Die Beschwerde ist innerhalb von zwei Wochen nach Bekanntgabe des Beschlusses beim Bayerischen Verwaltungsgericht München

Hausanschrift: Bayerstraße 30, 80335 München, oder
Postanschrift: Postfach 20 05 43, 80005 München

schriftlich oder zur Niederschrift des Urkundsbeamten der Geschäftsstelle einzulegen.
Die Beschwerde ist innerhalb eines Monats nach Bekanntgabe der Entscheidung zu begründen. Die Begründung ist, sofern sie nicht bereits mit der Beschwerde vorgelegt worden ist, bei dem Oberverwaltungsgericht Berlin, einzureichen. Sie muss einen bestimmten Antrag enthalten, die Gründe darlegen, aus denen die Entscheidung abzuändern oder aufzuheben ist, und sich mit der angefochtenen Entscheidung auseinander setzen.[3]
Im Beschwerdeverfahren muss sich jeder Beteiligte, soweit er einen Antrag stellt, durch einen Rechtsanwalt oder Rechtslehrer an einer deutschen Hochschule im Sinne des Hochschulrahmengesetzes mit Befähigung zum Richteramt als Bevollmächtigten vertreten lassen. Juristische Personen des öffentlichen Rechts und Behörden können sich auch durch Beamte oder Angestellte mit Befähigung zum Richteramt sowie Diplom-Juristen im höheren Dienst, Gebietskörperschaften auch durch Beamte und Angestellte mit Befähigung zum Richteramt der zuständigen Aufsichtsbehörde oder des jeweiligen kommunalen Spitzenverbandes des Landes, dem sie als Mitglied zugehören, vertreten lassen.[4,5,6]
Die Beschwerde ist nicht gegeben in Streitigkeiten über Kosten, Gebühren und Auslagen, wenn der Wert des Beschwerdegegenstandes 200 € nicht übersteigt. Vor dem Bayerischen Verwaltungsgerichtshof muss sich jeder Beteiligte, soweit er einen Antrag stellt, durch einen Rechtsanwalt oder Rechtslehrer an einer deutschen Hochschule im Sinne des Hochschulrahmengesetzes mit Befähigung zum Richteramt als Bevollmächtigten vertreten lassen. Dies gilt auch für den Antrag auf Zulassung der Beschwerde.
Juristische Personen des öffentlichen Rechts und Behörden können sich auch durch Beamte oder Angestellte mit Befähigung zum Richteramt, sowie Diplom-Juristen im höheren Dienst, Gebietskörperschaften auch durch Beamte und Angestellte mit Befähigung zum Richteramt der zuständigen Aufsichtsbehörde oder des jeweiligen kommunalen Spitzenverbandes des Landes, dem sie als Mitglied zugehören, vertreten lassen.[3,4,5]

Nr. 51

Die Beschwerde ist nicht gegeben in Streitigkeiten über Kosten, Gebühren und Auslagen, wenn der Wert des Beschwerdegegenstandes 200 € nicht übersteigt.
Der Beschwerdeschrift sollen vier Abschriften beigefügt werden.

Reichel
(Reichel)

Anmerkungen

1. Übertragung auf Einzelrichterin durch Beschluss der Kammer gem. § 6 VwGO.
2. Die Streitwertfestsetzung ist hier nicht notwendig, da in Sozialhilfeangelegenheiten Gerichtskosten nicht erhoben werden (§ 188 Satz 2 VwGO). Auf Antrag wird aber der Wert des Gegenstands der anwaltlichen Tätigkeit durch Beschluss festgesetzt (§ 11 RVG).
3. Mangelt es an einem dieser Erfordernisse, ist die Beschwerde als unzulässig zu verwerfen. Das Oberverwaltungsgericht prüft nur die dargelegten Gründe (vgl. § 146 Abs. 4 VwGO).
4. *Ggf. Zusatz*: „In Angelegenheiten der Kriegsopferfürsorge und des Schwerbehindertenrechts sowie der damit in Zusammenhang stehenden Angelegenheiten des Sozialhilferechts sind vor dem Bayerischen Verwaltungsgerichtshof als Prozessbevollmächtigte auch Mitglieder und Angestellte von Verbänden im Sinnes des § 14 Abs. 3 Satz 2 des Sozialgerichtsgesetzes und von Gewerkschaften zugelassen, sofern sie kraft Satzung oder Vollmacht zur Prozessvertretung befugt sind."
5. *Ggf. Zusatz*: „In Abgabenangelegenheiten sind vor dem Bayerischen Verwaltungsgerichtshof als Prozessbevollmächtigte auch Steuerberater und Wirtschaftsprüfer zugelassen."
6. *Ggf. Zusatz*: „In Angelegenheiten, die Rechtsverhältnisse im Sinne des § 52 Nr. 4 der Verwaltungsgerichtsordnung betreffen, in Personalvertretungsangelegenheiten und in Angelegenheiten, die in einem Zusammenhang mit einem gegenwärtigen oder früheren Arbeitsverhältnis von Arbeitnehmern im Sinne des § 5 des Arbeitsgerichtsgesetzes stehen einschließlich Prüfungsangelegenheiten, sind vor dem Bayerischen Verwaltungsgerichtshof als Prozessbevollmächtigte auch Mitglieder und Angestellte von Gewerkschaften zugelassen, sofern sie kraft Satzung oder Vollmacht zur Vertretung befugt sind."

Nr. 52

Nr. 52. Beschluss über Prozesskostenhilfe im verwaltungsgerichtlichen Verfahren

M 3 S 04.121

Bayerisches Verwaltungsgericht München

In der Verwaltungsstreitsache

Ruth und Karl Sporer, Bachstr. 5, 83278 Traunstein, – Antragsteller –

gegen

den Freistaat Bayern, – Antragsgegner –
vertreten durch das Landratsamt Traunstein

wegen

Verlängerung der Geltungsdauer der Reisegewerbekarte und Erneuerung der Begleiterlaubnis für Karl Sporer

erlässt das Bayerische Verwaltungsgericht München, 3. Kammer, durch den Vorsitzenden Richter am Verwaltungsgericht Strobel[1] am 10.1.2005 ohne mündliche Verhandlung folgenden

Beschluss:

I. Der Antragstellerin Frau Ruth Sporer wird Prozesskostenhilfe bewilligt.
II. Der Antrag auf Bewilligung von Prozesskostenhilfe für den Antragsteller Karl Sporer wird abgelehnt.

Gründe:[2]

Kurze Darstellung des Sachverhalts und tragende Gründe des Beschlusses, § 166 VwGO i. V. m. §§ 114 ff. ZPO.

Rechtsmittelbelehrung

Ziffer I dieses Beschlusses ist unanfechtbar.
Gegen Ziffer II dieses Beschlusses steht den Beteiligten[3] die Beschwerde beim Bayerischen Verwaltungsgerichtshof zu. Die Beschwerde ist innerhalb von zwei Wochen nach Bekanntgabe des Beschlusses beim Bayerischen Verwaltungsgericht München,

Hausanschrift: Bayerstraße 30, 80335 München, oder
Postanschrift: Postfach 20 05 43, 80005 München

schriftlich oder zur Niederschrift des Urkundsbeamten der Geschäftsstelle einzulegen.

Nr. 52

Die Beschwerde ist nicht gegeben in Streitigkeiten über Kosten, Gebühren und Auslagen, wenn der Wert des Beschwerdegegenstandes 200 € nicht übersteigt.
Der Beschwerdeschrift eines Beteiligten sollen Abschriften für die übrigen Beteiligten beigefügt werden.

| *Strobel* | *Kramer* | *Neuling* |
| (Strobel) | (Kramer) | (Neuling) |

Anmerkungen

1. Entscheidung durch den Vorsitzenden gem. § 87a Abs. 1 Nrn. 2 und 3 VwGO, Entscheidung durch den Berichterstatter gem. § 87a Abs. 3 VwGO, wenn die Entscheidung im vorbereitenden Verfahren ergeht. Sonst Übertragung auf Einzelrichter durch Beschluss der Kammer unter den Voraussetzungen des § 6 VwGO.
2. Beschlüsse über Verweigerung der Prozesskostenhilfe sind zu begründen (§§ 166, 122 Abs. 2 VwGO, § 127 Abs. 2 Satz 2 ZPO.
3. Prozesskostenhilfestreitigkeiten sind vom Vertretungszwang vor dem Oberverwaltungsgericht ausgenommen (§ 67 Abs. 1 Satz 2 VwGO).

Nr. 53

b) Vereinfachte Entscheidung

Nr. 53. Gerichtsbescheid[1]

M 5 K 04.2284.

Bayerisches Verwaltungsgericht München

Im Namen des Volkes

In der Verwaltungsstreitsache

Detlev Kühnast, Beamter, Amalienstr. 10, 80253 München, – Kläger –
Bevollmächtigter: Rechtsanwalt Dr. Hans Rademacher, Luxemburger Str. 12, 81266 Gräfelfing,

gegen

den Freistaat Bayern, – Beklagte –

vertreten durch das Landratsamt München,

wegen Erstattung von Reisekosten

erlässt das Bayerische Verwaltungsgericht München, 5. Kammer, durch Richter am Verwaltungsgericht Hallerbach[2]

am 17. Januar 2005

ohne mündliche Verhandlung folgenden

Gerichtsbescheid:

I. Die Klage wird abgewiesen.
II. Der Kläger hat die Kosten des Verfahrens zu tragen.
III. Der Bescheid ist hinsichtlich der Kosten vorläufig vollstreckbar. Der Kläger kann die Vollstreckung durch Sicherheitsleistung von 440 € abwenden, wenn nicht der Beklagte vor der Vollstreckung Sicherheit in gleicher Höhe leistet.[3,4]

Tatbestand:

Wesentlicher Inhalt der Akten mit Anträgen

Entscheidungsgründe:

Zulässigkeit des Gerichtsbescheids, § 84 VwGO
Gegenstand der Klage, §§ 88, 86 Abs. 3 VwGO
Unzulässigkeit/offensichtliche Unbegründetheit bzw. Begründetheit der Klage

Nr. 53

Kosten, § 154 Abs. 1 VwGO
Vorläufige Vollstreckbarkeit, § 167 VwGO i. V. mit §§ 708 ff. ZPO

Rechtsmittelbelehrung

Nach §§ 84 und 124a VwGO kann die Berufung innerhalb eines Monats nach Zustellung dieses Gerichtsbescheids beim Bayerischen Verwaltungsgericht München,

Hausanschrift: Bayerstraße 30, 80335 München, oder
Postanschrift: Postfach 20 05 43, 80005 München

schriftlich eingelegt werden. Die Berufung muss den angefochtenen Gerichtsbescheid bezeichnen. Sie ist spätestens innerhalb von zwei Monaten nach Zustellung dieses Gerichtsbescheids zu begründen. Die Begründung ist, sofern sie nicht zugleich mit der Einlegung der Berufung erfolgt, beim Bayerischen Verwaltungsgerichtshof,

Hausanschrift in München: Ludwigstraße 23, 80539 München, oder
Postanschrift in München: Postfach 34 01 48, 80098 München
Hausanschrift in Ansbach: Montgelasplatz 1, 91522 Ansbach

einzureichen. Die Berufungsbegründung muss einen bestimmten Antrag enthalten, sowie die im Einzelnen anzuführenden Gründe der Anfechtung (Berufungsgründe).
Über die Berufung entscheidet der Bayerische Verwaltungsgerichtshof.
Vor dem Bayerischen Verwaltungsgerichtshof besteht Vertretungszwang (§ 67 VwGO).
Jeder Beteiligte muss sich, soweit er einen Antrag stellt, durch einen Rechtsanwalt oder Rechtslehrer an einer deutschen Hochschule im Sinne des Hochschulrahmengesetzes mit Befähigung zum Richteramt als Bevollmächtigten vertreten lassen.
Juristische Personen des öffentlichen Rechts und Behörden können sich auch durch Beamte oder Angestellte mit Befähigung zum Richteramt sowie Diplom-Juristen im höheren Dienst, Gebietskörperschaften auch durch Beamte und Angestellte mit Befähigung zum Richteramt der zuständigen Aufsichtsbehörde oder des jeweiligen kommunalen Spitzenverbandes des Landes, dem sie als Mitglied zugehören, vertreten lassen.[5, 6, 7]
Anstelle der Zulassung der Berufung können die Beteiligten innerhalb eines Monats nach Zustellung des Gerichtsbescheids beim Bayerischen Verwaltungsgericht München

Hausanschrift: Bayerstraße 30, 80335 München, oder
Postanschrift: Postfach 20 05 43, 80005 München

Nr. 53

schriftlich oder zur Niederschrift des Urkundsbeamten mündliche Verhandlung beantragen.
Wird von beiden Rechtsbehelfen Gebrauch gemacht, findet mündliche Verhandlung statt.
Dem Antrag eines Beteiligten sollen Abschriften für die übrigen Beteiligten beigefügt werden.

Hallerbach
(Hallerbach)

Beschluss:

Der Streitwert wird auf 300 € festgesetzt (§ 52 Abs. 2, 3 Gerichtskostengesetz – GKG –).

Rechtsmittelbelehrung:

Gegen diesen Beschluss steht den Beteiligten die Beschwerde an den Bayerischen Verwaltungsgerichtshof zu, wenn der Wert des Beschwerdegegenstandes 200 €[8] übersteigt.
Die Beschwerde ist innerhalb von sechs Monaten, nachdem die Entscheidung in der Hauptsache Rechtskraft erlangt oder das Verfahren sich anderweitig erledigt hat, beim Bayerischen Verwaltungsgericht München,

Hausanschrift: Bayerstraße 30, 80335 München, oder
Postanschrift: Postfach 20 05 43, 80005 München

schriftlich oder zur Niederschrift des Urkundsbeamten der Geschäftsstelle einzulegen.
Der Beschwerdeschrift sollen Abschriften beigefügt werden.

Anmerkungen

1. Gerichtsbescheide können gem. § 84 VwGO in erstinstanzlichen Verwaltungsstreitsachen erlassen werden, wenn folgende Voraussetzungen vorliegen:
   – Das Gericht muss der Auffassung sein, dass die Sache keine besonderen Schwierigkeiten tatsächlicher oder rechtlicher Art aufweist und der Sachverhalt geklärt ist.
   – Die Beteiligten müssen vorher gehört worden sein (schriftlicher Hinweis mit Fristsetzung genügt).
2. Übertragung auf Einzelrichter durch Beschluss der Kammer gem. § 6 VwGO.
3. Vgl. § 711 Satz 1 ZPO i. V. mit § 167 VwGO.
4. Zu einer Nichtzulassung der Berufung ist das Verwaltungsgericht nicht befugt. Wenn die Gründe des § 124 Abs. 2 Nr. 3 oder Nr. 4 VwGO vorliegen, wird jedoch die Berufung ausdrücklich zugelassen; das Oberverwaltungsgericht ist an die Zulassung gebunden (vgl. § 124a Abs. 1 VwGO).

5. *Ggf. Zusatz*: „In Angelegenheiten der Kriegsopferfürsorge und des Schwerbehindertenrechts sowie der damit in Zusammenhang stehenden Angelegenheiten des Sozialhilferechts sind gem. § 67 Abs. 1 Satz 4 VwGO vor dem Bayerischen Verwaltungsgerichtshof als Prozessbevollmächtigte auch Mitglieder und Angestellte von Verbänden im Sinnes des § 14 Abs. 3 Satz 2 des Sozialgerichtsgesetzes und von Gewerkschaften zugelassen, sofern sie kraft Satzung oder Vollmacht zur Prozessvertretung befugt sind. § 67 Abs. 1 Satz 4 VwGO gilt entsprechend für Bevollmächtigte, die als Angestellte juristischer Personen, deren Anteile sämtlich im wirtschaftlichen Eigentum einer der in den beiden letzten Sätzen genannten Organisationen stehen, handeln, wenn die juristische Person ausschließlich die Rechtsberatung und Prozessvertretung der Mitglieder der Organisation entsprechend deren Satzung durchführt und wenn die Organisation für die Tätigkeit der Bevollmächtigten haftet."

6. *Ggf. Zusatz*: „In Abgabenangelegenheiten sind vor dem Bayerischen Verwaltungsgerichtshof als Prozessbevollmächtigte auch Steuerberater und Wirtschaftsprüfer zugelassen."

7. *Ggf. Zusatz*: „In Angelegenheiten, die Rechtsverhältnisse im Sinne des § 52 Nr. 4 der Verwaltungsgerichtsordnung betreffen, in Personalvertretungsangelegenheiten und in Angelegenheiten, die in einem Zusammenhang mit gegenwärtigen oder früheren Arbeitsverhältnis von Arbeitnehmern im Sinne des § 5 des Arbeitsgerichtsgesetzes stehen einschließlich Prüfungsangelegenheiten, sind gem. § 67 Abs. 1 Satz 6 VwGO vor dem Bayerischen Verwaltungsgerichtshof als Prozessbevollmächtigte auch Mitglieder und Angestellte von Gewerkschaften zugelassen, sofern sie kraft Satzung oder Vollmacht zur Vertretung befugt sind. § 67 Abs. 1 Satz 6 VwGO gilt entsprechend für Bevollmächtigte, die als Angestellte juristischer Personen, deren Anteile sämtlich im wirtschaftlichen Eigentum einer der in den beiden letzten Sätzen genannten Organisationen stehen, handeln, wenn die juristische Person ausschließlich die Rechtsberatung und Prozessvertretung der Mitglieder der Organisation entsprechend deren Satzung durchführt und wenn die Organisation für die Tätigkeit der Bevollmächtigten haftet."

8. Vgl. § 52 GKG.

Nr. 54

c) Urteil

Nr. 54. Verwaltungsgerichtsurteil

M 2 K 04.178

Bayerisches Verwaltungsgericht München

Im Namen des Volkes

In der Verwaltungsstreitsache

Herbert Metzler, Kraftfahrer, Unertlstr. 76, 80803 München
– Kläger[1] –
bevollmächtigt: Rechtsanwalt Otto Kurz, Donaustr. 11, 81679 München,

gegen

Freistaat Bayern, – Beklagter[2] –
vertreten durch das Landratsamt München,
beigeladen: Josefa und Georg Strobel, Landwirtseheleute, Unertlstr. 79, 80803 München,

wegen

Baugenehmigung

erlässt das Bayerische Verwaltungsgericht München, 2. Kammer, durch den Vorsitzenden Richters am Verwaltungsgericht Dr. Streng, die Richter am Verwaltungsgericht Pfeil und Maiwald[3] sowie die ehrenamtlichen Richter Adler und Maier,
auf Grund der mündlichen Verhandlung[4] vom 12. Januar 2005 folgendes

Urteil:[5]

I. Die Klage wird abgewiesen.
II. Der Kläger trägt Kosten des Verfahrens einschließlich der außergerichtlichen Kosten der Beigeladenen.
III. Das Urteil ist hinsichtlich der Kostenentscheidung vorläufig vollstreckbar. Der Kläger kann die Vollstreckung durch Sicherheitsleistung in Höhe von 110% des zu vollstreckenden Betrages abwenden, wenn nicht die Beklagte vor der Vollstreckung Sicherheit in gleicher Höhe leistet.[6,7]

Nr. 54

Tatbestand:[8]

Gedrängte Darstellung des wesentlichen, entscheidungserheblichen Sachverhalts:
Verwaltungsverfahren
Gerichtsverfahren (insbes. Klageerhebung, Klagebegründung, Klageantrag und Gegenanträge, Klageerwiderung, Prozessgeschichte, Bezugnahmen, vgl. § 117 Abs. 3 Satz 2 VwGO). Die gestellten Anträge sind hervorzuheben.

Entscheidungsgründe:[9]

Gegenstand der Klage
Zulässigkeit
Begründetheit: ggf. Feststellungen zum Sachverhalt, insbes. Beweiswürdigung; rechtliche Ausführungen, vgl. § 113 Abs. 1 Satz 1 VwGO (bei Anfechtungsklage) und § 113 Abs. 5 VwGO (bei Verpflichtungsklage).
Kosten, §§ 154, 162 VwGO
Vorläufige Vollstreckbarkeit, § 167 VwGO i.V. mit §§ 708 ff. ZPO.

Rechtsmittelbelehrung

Nach §§ 124, 124a Abs. 4 VwGO können die Beteiligten die Zulassung der Berufung[10] gegen dieses Urteil innerhalb eines Monats nach Zustellung beim Bayerischen Verwaltungsgericht München,

> Hausanschrift: Bayerstraße 30, 80335 München, oder
> Postanschrift: Postfach 20 05 43, 80005 München

schriftlich beantragen. In dem Antrag ist das angefochtene Urteil zu bezeichnen. Dem Antrag sollen vier Abschriften beigefügt werden.[11]
Über die Zulassung der Berufung entscheidet der Bayerische Verwaltungsgerichtshof.
Vor dem Bayerischen Verwaltungsgerichtshof besteht Vertretungszwang (§ 67 VwGO). Dies gilt auch für den Antrag auf Zulassung der Berufung. Jeder Beteiligte muss sich, soweit er einen Antrag stellt, durch einen Rechtsanwalt oder Rechtslehrer an einer deutschen Hochschule im Sinne des Hochschulrahmengesetzes mit Befähigung zum Richteramt als Bevollmächtigten vertreten lassen.
Juristische Personen des öffentlichen Rechts und Behörden können sich auch durch Beamte oder Angestellte mit Befähigung zum Richteramt sowie Diplom-Juristen im höheren Dienst, Gebietskörperschaften auch durch Beamte und Angestellte mit Befähigung zum Richteramt der zuständigen Aufsichtsbehörde oder des jeweiligen kommunalen Spitzenverbandes des Landes, dem sie als Mitglied zugehören, vertreten lassen.[12, 13, 14]

Nr. 54

Innerhalb von zwei Monaten nach Zustellung dieses Urteils sind die Gründe darzulegen, aus denen die Berufung zuzulassen ist. Die Begründung ist bei dem Bayerischen Verwaltungsgerichtshof,

>Hausanschrift in München: Ludwigstraße 23, 80539 München, oder
>Postanschrift in München: Postfach 34 01 48, 80098 München,
>Hausanschrift in Ansbach: Montgelasplatz 1, 91522 Ansbach

einzureichen, soweit sie nicht bereits mit dem Antrag vorgelegt worden ist.
Es wird darauf hingewiesen, dass die Berufung nur zuzulassen ist,
1. wenn ernstliche Zweifel an der Richtigkeit des Urteils bestehen,
2. wenn die Rechtssache besondere tatsächliche oder rechtliche Schwierigkeiten aufweist,
3. wenn die Rechtssache grundsätzliche Bedeutung hat,
4. wenn das Urteil von einer Entscheidung des Bayerischen Verwaltungsgerichtshofs, des Bundesverwaltungsgerichts, des Gemeinsamen Senats der obersten Gerichtshöfe des Bundes oder des Bundesverfassungsgerichts abweicht und auf dieser Abweichung beruht oder
5. wenn ein der Beurteilung des Berufungsgerichts unterliegender Verfahrensmangel geltend gemacht wird und vorliegt, auf dem die Entscheidung beruhen kann.

| *Streng* | *Pfeil* | *Maiwald* |
| (Streng) | (Pfeil) | (Maiwald) |

Beschluss[15]

Der Streitwert wird auf 4000 € festgesetzt (§ 52 ... Gerichtskostengesetz – GKG –).
Folgen ggf. kurze Gründe, wenn die Höhe des Streitwerts nicht ohne weiteres aus den angegebenen Gesetzesbestimmungen hervorgeht.

Rechtsmittelbelehrung

Gegen diesen Beschluss steht den Beteiligten die Beschwerde an den Bayerischen Verwaltungsgerichtshof zu, wenn der Wert des Beschwerdegegenstandes 200 € übersteigt. Die Beschwerde ist innerhalb von sechs Monaten, nachdem die Entscheidung in der Hauptsache Rechtskraft erlangt oder das Verfahren sich anderweitig erledigt hat, beim Bayerischen Verwaltungsgericht München,

>Hausanschrift: Bayerstraße 30, 80335 München, oder
>Postanschrift: Postfach 20 05 43, 80005 München

schriftlich oder zur Niederschrift des Urkundsbeamten der Geschäftsstelle einzulegen.

Nr. 54

Ist der Streitwert später als einen Monat vor Ablauf dieser Frist festgesetzt worden, kann die Beschwerde auch noch innerhalb eines Monats nach Zustellung oder formloser Mitteilung des Festsetzungsbeschlusses eingelegt werden.
Der Beschwerdeschrift eines Beteiligten sollen Abschriften für die übrigen Beteiligten beigefügt werden.

Streng   *Pfeil*   *Maiwald*
(Streng)   (Pfeil)   (Maiwald)

Anmerkungen

1. Ist das Land Kläger, so beachte die einschlägigen Vertretungsverordnungen (in Bayern: § 1 Abs. 1 Nr. 3 a, §§ 2 ff. VertrV).
2. a) Ist das Land Beklagter, so ist die Ausgangsbehörde Prozessbehörde und Zustellungsempfänger, solange die Vertretung nicht auf die Widerspruchsbehörde oder die Behörde, die die Vertretung des öffentlichen Interesses wahrnimmt, übertragen wurde (vgl. § 5 Abs. 2 der VO über die Landesanwaltschaft Bayern).
   b) Ist eine Gemeinde Beklagte, so wird sie durch den 1. Bürgermeister vertreten (in Bayern: Art. 38 Abs. 1 BayGO).
3. Vgl. Anmerkung 1 zu Nr. 50.
4. Entscheidung ohne mündliche Verhandlung ist nur möglich, wenn die Beteiligten damit einverstanden sind (§ 101 Abs. 2 VwGO).
   Das Rubrum lautet dann: „... erlässt das Bayerische Verwaltungsgericht Augsburg ohne mündliche Verhandlung am 11. Juni 2001 ..."
5. Beispiele für die Fassung des Tenors:
   I. Der Bescheid des Landratsamts München vom 11. 5. 2001 – Az. BA 36/7210/97 – und der Widerspruchsbescheid der Regierung von Oberbayern vom 15. 10. 2001 – Az. XXa 5942/01 – werden aufgehoben.
   II. ...
   III. ...
   oder
   I. Der Bescheid des Landratsamts München vom 11. 5. 2001 – Az. BA 36/7210/01 – und der Widerspruchsbescheid der Regierung von Oberbayern vom 15. 10. 2001 – Az. XXa 5942/01 – werden insoweit aufgehoben, als ...
   Im Übrigen wird die Klage abgewiesen.
   II. ...
   III. ...
   oder (vgl. § 113 Abs. 2 VwGO)
   I. Der Bescheid des Landratsamts München vom 11. 5. 2001 – Az. BA 36/7210/01 – und der Widerspruchsbescheid der Regierung von Oberbayern vom 15. 10. 2001 – Az. XXa 5942/01 – werden dahin abgeändert, dass ...
   II. ...
   III. ...

Nr. 54

    oder (vgl. § 113 Abs. 5 VwGO)
    I. Der Bescheid des Landratsamts München vom 11. 5. 2001 – Az. BA 36/7210/01 – und der Widerspruchsbescheid der Regierung von Oberbayern vom 15. 10. 2001 – Az. XXa 5942/01 – werden aufgehoben.
    II. Der Beklagte wird verpflichtet, dem Kläger die Erlaubnis zu erteilen. bzw.:
    Der Beklagte wird verpflichtet, den Antrag des Klägers unter Beachtung der Rechtsauffassung des Gerichts erneut zu bescheiden.
    III. ...
    IV. ...
    oder (vgl. § 113 Abs. 1 Satz 4 VwGO)
    I. Der Bescheid des Landratsamts München vom 11. 5. 2001 – Az. BA 36/7210/01 – war rechtswidrig.
    II. ...
    III. ...

6. Zur Frage des Vollstreckungsschutzes vgl. § 167 Abs. 1 Satz 1 und Abs. 2 VwGO i. V. mit § 709 Satz 2 ZPO.

7. Zu einer Nichtzulassung der Berufung ist das Verwaltungsgericht nicht befugt. Wenn die Gründe des § 124 Abs. 2 Nr. 3 oder Nr. 4 VwGO vorliegen, wird jedoch die Berufung ausdrücklich zugelassen; das Oberverwaltungsgericht ist an die Zulassung gebunden (vgl. § 124a Abs. 1 VwGO).

8. Für den Tatbestand im Verwaltungs- und Finanzgerichtsurteil gelten besondere Bestimmungen (§ 117 Abs. 3 VwGO, § 105 Abs. 3 FGO). Der kurze Tatbestand des § 313 Abs. 2 ZPO erschien dem Gesetzgeber für das verwaltungsgerichtliche Verfahren nicht geeignet. Entscheidungen in Verwaltungssachen kommt häufig eine über den Einzelfall hinausgehende Bedeutung zu.

9. Soweit der Begründung des Verwaltungsaktes oder des Widerspruchsbescheids gefolgt wird, kann von einer weiteren Darstellung der Entscheidungsgründe abgesehen werden (§ 117 Abs. 5 VwGO).

10. Zur Zulassung der Berufung s.o. Anm. 7; zur Zulassung der Sprungrevision vgl. § 134 VwGO; zur Revision bei Ausschluss der Berufung vgl. § 135 VwGO. Die Erhebung einer Anhörungsrüge (§ 152a VwGO) hindert nicht den Eintritt der formellen Rechtskraft (§ 173 Satz 1 VwGO i. V. mit § 705 Satz 2 ZPO).

11. Gem. § 55a VwGO können die Beteiligten dem Gericht unter bestimmten Voraussetzungen auch elektronische Dokumente übermitteln.

12. *Ggf. Zusatz*: „In Angelegenheiten der Kriegsopferfürsorge und des Schwerbehindertenrechts sowie der damit in Zusammenhang stehenden Angelegenheiten des Sozialhilferechts sind gem § 67 Abs, 1 Satz 4 VwGO vor dem Bayerischen Verwaltungsgerichtshof als Prozessbevollmächtigte auch Mitglieder und Angestellte von Verbänden im Sinne des § 14 Abs. 3 Satz 2 des Sozialgerichtsgesetzes und von Gewerkschaften zugelassen, sofern sie kraft Satzung oder Vollmacht zur Prozessvertretung befugt sind. § 67 Abs. 1 Satz 4 VwGO gilt entsprechend für Bevollmächtigte, die als Angestellte juristischer Personen, deren Anteile sämtlich im wirtschaftlichen Eigentum einer der in den beiden letzten Sätzen genannten Organisationen stehen, handeln, wenn die juristische Person ausschließlich die Rechtsberatung und Prozessvertretung der Mitglieder der Organisation entsprechend deren Satzung durchführt und wenn die Organisation für die Tätigkeit der Bevollmächtigten haftet."

Nr. 54

13. *Ggf. Zusatz:* „In Abgabenangelegenheiten sind vor dem Bayerischen Verwaltungsgerichtshof als Prozessbevollmächtigte auch Steuerberater und Wirtschaftsprüfer zugelassen."

14. *Ggf. Zusatz:* „In Angelegenheiten, die Rechtsverhältnisse im Sinne des § 52 Nr. 4 der Verwaltungsgerichtsordnung betreffen, in Personalvertretungsangelegenheiten und in Angelegenheiten, die in einem Zusammenhang mit einem gegenwärtigen oder früheren Arbeitsverhältnis von Arbeitnehmern im Sinne des § 5 des Arbeitsgerichtsgesetzes stehen einschließlich Prüfungsangelegenheiten, sind gem. § 67 Abs, 1 Satz 6 VwGO vor dem Bayerischen Verwaltungsgerichtshof als Prozessbevollmächtigte auch Mitglieder und Angestellte von Gewerkschaften zugelassen, sofern sie kraft Satzung oder Vollmacht zur Vertretung befugt sind. § 67 Abs. 1 Satz 6 VwGO gilt entsprechend für Bevollmächtigte, die als Angestellte juristischer Personen, deren Anteile sämtlich im wirtschaftlichen Eigentum einer der in den beiden letzten Sätzen genannten Organisationen stehen, handeln, wenn die juristische Person ausschließlich die Rechtsberatung und Prozessvertretung der Mitglieder der Organisation entsprechend deren Satzung durchführt und wenn die Organisation für die Tätigkeit der Bevollmächtigten haftet."

15. Der Streitwert wird regelmäßig von Amts wegen festgesetzt, weil er sich (anders als im Zivilprozess) nur selten aus dem Klageantrag ergibt (§ 52 Abs. 1 i. V. mit § 63 Abs. 1 und Abs. 2 S. 1 GKG). Gegen die Festsetzung des Streitwerts durch das Gericht des ersten Rechtszugs ist Beschwerde gegeben (§ 68 Abs. 1 GKG). Der Streitwert wird in der Praxis im Anschluss an Urteil und Rechtsmittelbelehrung gesondert durch Beschluss festgesetzt.

Nr. 55

IV. Entscheidungen des Oberverwaltungsgerichts

a) Einzelne gerichtliche Beschlüsse

Nr. 55. Zulassung der Berufung

8 ZB 04.1932
M 12 K 99.271

Bayerischer Verwaltungsgerichtshof

In der Verwaltungsstreitsache

Firma Glaser Baumaschinen GmbH, Luitpoldstr. 29; 80335 München,
vertreten durch ihren Geschäftsführer Hans Ertl Klägerin,
bevollmächtigt: Rechtsanwalt Dr. Karl Obermaier, Karlsplatz 8,
80335 München,

gegen

die Gemeinde Stockdorf Beklagte,
vertreten durch den Ersten Bürgermeister,
bevollmächtigt: Rechtsanwalt Dr. Bernhard Klemm, Sonnenstr. 37,
80331 München

wegen

Erschließungsbeitrags
hier: Antrag der Beklagten auf Zulassung der Berufung
erlässt der Bayerische Verwaltungsgerichtshof, 8. Senat, durch Vorsitzenden Richter am Verwaltungsgerichtshof Ziegler und die Richter am Verwaltungsgerichtshof Sellmann und A. Maier ohne mündliche Verhandlung

am 10. Januar 2005

folgenden

Beschluss:[1]

I. Der Antrag auf Zulassung der Berufung gegen das Urteil des Bayerischen Verwaltungsgerichts München vom 9. Dezember 2004 – M 12 K 95.271 – wird abgelehnt.
II. Die Beklagte trägt die Kosten des Zulassungsverfahrens.
III. Der Streitwert für das Antragsverfahren wird auf 5780,– € festgesetzt.

Nr. 55

Gründe:

Zulässigkeit des Antrags, insbes. hinreichende Darlegung von Zulassungsgründen (§ 124 Abs. 2 VwGO).
Nichtvorliegen der dargelegten Zulassungsgründe (§ 124 Abs. 2 VwGO).
Mit der Ablehnung des Antrags wird die Entscheidung des Verwaltungsgerichts rechtskräftig (§ 124a Abs. 5 Satz 4 VwGO).
Die Kostenentscheidung ergibt sich aus § 154 Abs. 2 VwGO.
Die Streitwertfestsetzung beruht auf § 52 Abs. 1 und 2 GKG.

Anmerkung

1. Bei Zulassung der Berufung erlässt der Bayerische Verwaltungsgerichtshof einen Beschluss nach folgendem Muster:

Beschluss:

I. Die Berufung wird zugelassen, da
- ☐ ernstliche Zweifel an der Richtigkeit des Urteils bestehen (§ 124 Abs. 2 Nr. 1 VwGO).
- ☐ die Rechtssache besondere tatsächliche oder rechtliche Schwierigkeiten aufweist (§ 124 Abs. 2 Nr. 2 VwGO).
- ☐ die Rechtssache grundsätzliche Bedeutung hat (§ 124 Abs. 2 Nr. 3 VwGO).
- ☐ das Urteil/der Gerichtsbescheid von obergerichtlicher Rechtsprechung abweicht und auf dieser Abweichung beruht (§ 124 Abs. 2 Nr. 4 VwGO).
- ☐ ein der Beurteilung des Verwaltungsgerichtshofs unterliegender Verfahrensmangel geltend gemacht wird und vorliegt, auf dem die Entscheidung beruhen kann (§ 124 Abs. 2 Nr. 5 VwGO).
- ☐ …

II. Das Verfahren wird unter dem Aktenzeichen 8 B 05.9 fortgesetzt, der Einlegung einer Berufung bedarf es nicht (§ 124a Abs. 5 Satz 5 VwGO).

Belehrung:

Die Berufung ist innerhalb eines Monats nach Zustellung des Beschlusses über die Zulassung der Berufung zu begründen. Die Begründung ist beim Bayerischen Verwaltungsgerichtshof (in München Hausanschrift: Ludwigstraße 23, 80539 München; Postfachanschrift: Postfach 34 01 48, 80098 München; in Ansbach: Montgelasplatz 1, 91522 Ansbach) einzureichen. Die Begründungsfrist kann auf einen vor ihrem Ablauf gestellten Antrag von dem Vorsitzenden verlängert werden. Die Begründung muss einen bestimmten Antrag enthalten sowie die im Einzelnen anzuführenden Gründe der Anfechtung (Berufungsgründe). Wegen der Verpflichtung, sich im Berufungsverfahren vertreten zu lassen, wird auf die Rechtsmittelbelehrung der angefochtenen Entscheidung verwiesen. Mangelt es an einem dieser Erfordernisse, so ist die Berufung unzulässig.

Nr. 56

Nr. 56. Einstweilige Anordnung des Oberverwaltungsgerichts

6 AE 04 29
M 5 K 04.67

Bayerischer Verwaltungsgerichtshof

In der Verwaltungsstreitsache

Adalbert und Marianne Thurner, Münchner Str. 2, 82131 Gauting,
Antragsteller,
bevollmächtigt: Rechtsanwalt Hans Langhammer, Odeonsplatz 11, 80539 München,

gegen

den Freistaat Bayern, Antragsgegner,

vertreten durch die Landesanwaltschaft Bayern,

beigeladen: Otto Amann, Münchner Str. 4, 82131 Gauting,
bevollmächtigt: Rechtsanwalt Dr. Horst Benrath, Amalienstr. 10, 80333 München,

wegen

Genehmigung einer Heizanlage

hier: Antrag des Beigeladenen auf einstweilige Einstellung der Zwangsvollstreckung aus der einstweiligen Anordnung des Verwaltungsgerichts München vom 21. Mai 2004 in der Fassung des Urteils vom 3. Dezember 2004

erlässt der Bayerische Verwaltungsgerichtshof, 6. Senat, durch Vorsitzenden Richter am Verwaltungsgerichtshof Graber und die Richter am Verwaltungsgerichtshof Däumling und Pohr ohne mündliche Verhandlung am 28. Januar 2005

folgenden

Beschluss:

Die Zwangsvollstreckung aus der einstweiligen Anordnung des Verwaltungsgerichts München vom 21. Mai 2004 in der Fassung des Urteils des Verwaltungsgerichts München vom 3. Dezember 2004 wird einstweilen eingestellt.

Nr. 56

Gründe:

I.

Sachdarstellung.

II.

Tragende Gründe des Beschlusses; vgl. § 123 VwGO.[1]

| *Graber* | *Däumling* | *Pohr* |
| (Graber) | (Däumling) | (Pohr) |

Anmerkung

1. Rechtsmittel können nicht eingelegt werden (§ 152 Abs. 1 VwGO).

Nr. 57

Nr. 57. Beschluss über das Ruhen des Verfahrens

3 B 04.374
M 4 K 02.278

Bayerischer Verwaltungsgerichtshof

In der Verwaltungsstreitsache

Franz Wiegand, Schriftsteller, Barer Str. 88, 80799 München,

Kläger,

bevollmächtigt: Rechtsanwalt Dr. Hans Böckler, Marienplatz 2, 80331 München,

gegen

den Bezirk Oberbayern – Sozialhilfeverwaltung –, München, vertreten durch den Bezirkstagspräsidenten

Beklagter,

wegen

Sozialhilfe

hier: Berufung gegen das Urteil des Verwaltungsgerichts München vom 8. November 2004 (Antrag auf Ruhen des Verfahrens)

erlässt der Bayerische Verwaltungsgerichtshof, 3. Senat, durch Richter am Verwaltungsgerichtshof Baier[1] ohne mündliche Verhandlung

am 25. Januar 2005

folgenden

Beschluss:[2,3]

Das Ruhen des Verfahrens wird angeordnet.

Kreuzpaintner	*Baier*	*Wimmer*
(Kreuzpaintner)	(Baier)	(Wimmer)

Anmerkungen

1. Entscheidung durch den Berichterstatter (§ 87a Abs. 3 VwGO).
2. Die Entscheidung ergeht ohne schriftliche Begründung.
3. Rechtsmittel können nicht eingelegt werden (§ 152 Abs. 1 VwGO).

Nr. 58

b) Beschwerdeentscheidung

Nr. 58. Beschwerdeentscheidung des Oberverwaltungsgerichts

3 C 04.112
M 7 K 03.327

Bayerischer Verwaltungsgerichtshof

In der Verwaltungsstreitsache

Hans-Joachim Runge, Oberamtsrat a. D., Alpenweg 11,
82194 Gröbenzell,   Kläger,

bevollmächtigt: Rechtsanwalt Dr. Helmut Rall, Türkenstr. 18,
  80333 München

gegen

den Freistaat Bayern,   Beklagter,
vertreten durch die Landesanwaltschaft Bayern

wegen

Neufestsetzung der Versorgungsbezüge
hier: Beschwerde des Klägers gegen den Beschluss des Verwaltungsgerichts München vom 10. Dezember 2004
erlässt der Bayerische Verwaltungsgerichtshof, 3. Senat, durch Vorsitzenden Richter am Verwaltungsgerichtshof Kreuzpaintner und die Richter am Verwaltungsgerichtshof Baier und Wimmer ohne mündliche Verhandlung

am 14. März 2005

folgenden

Beschluss:

I. Die Beschwerde wird zurückgewiesen.
II. Der Beschwerdeführer hat die Kosten des Beschwerdeverfahrens zu tragen.
III. Der Streitwert für das Beschwerdeverfahren wird auf 600,- € festgesetzt.

Nr. 58

Gründe:[1]

I.

Sachdarstellung.

II.

Zulässigkeit der Beschwerde, § 146 VwGO, Begründetheit, Kostenentscheidung, hier: § 154 Abs. 2 VwGO, Streitwertfestsetzung, hier: § 53 Abs. 3 Nr. 1 und § 52 Abs. 1 und 2 GKG.

Kreuzpaintner	*Baier*	*Wimmer*
(Kreuzpaintner)	(Baier)	(Wimmer)

Anmerkung

1. Zur Begründung vgl. § 122 Abs. 2 S. 3 VwGO.

Nr. 59

c) Berufungsurteil

Nr. 59. Berufungsurteil im Verwaltungsgerichtsprozess[1]

1 B 04.17
M 4 K 02.327

Bayerischer Verwaltungsgerichtshof
Im Namen des Volkes

In der Verwaltungsstreitsache
Martin Zenker, Kaufmann, Talstr. 18, 85276 Pfaffenhofen a. d. Ilm,
               Kläger,
bevollmächtigt: Rechtsanwälte Karl Hauser und Dr. Hans Recht,
 Barer Str. 45, 80799 München

gegen

den Freistaat Bayern,   Beklagter,
vertreten durch die Landesanwaltschaft Bayern
beigeladen: 1. Gemeinde Pfaffenhofen a. d. Ilm,
    vertreten durch den 1. Bürgermeister
    2. Max Moser, Kaufmann, Barer Str. 88,
    80799 München,
    bevollmächtigt: Rechtsanwalt Dr. Hans Barthel,
     Elisabethplatz 5, 80796 München

wegen

Erteilung einer Baugenehmigung an den Beigeladenen zu 2),
hier: Berufungen des Beklagten und des Beigeladenen zu 2) gegen das
 Urteil des Verwaltungsgerichts München vom 11. Februar 2004
erlässt der Bayerische Verwaltungsgerichtshof, 1. Senat, durch den Vorsitzenden Richter am Verwaltungsgerichtshof Dr. Ehlert und die Richter am Verwaltungsgerichtshof Grimmer und Dr. Zeller[2] auf Grund der mündlichen Verhandlung vom 24. Januar 2005 (ohne mündliche Verhandlung am 24. Januar 2005)[3] folgendes

Urteil:[4]

I. Die Klage abgewiesen.
II. Die Kosten des Verfahrens in beiden Rechtszügen einschließlich der außergerichtlichen Kosten des Beigeladenen zu 2) hat der Kläger zu tragen.

Nr. 59

III. Das Urteil ist hinsichtlich der Kostenentscheidung vorläufig vollstreckbar. Der Kläger darf die Vollstreckung durch Sicherheitsleistung in Höhe von 110% des zu vollstreckenden Betrags abwenden, wenn nicht der Beklagte vor der Vollstreckung Sicherheit in gleicher Höhe leistet.[5]

IV. Die Revision wird zugelassen.

Tatbestand:[6]

Darstellung des wesentlichen, entscheidungserheblichen Sachverhalts, mit Widerspruchsverfahren, Klageerhebung und Klageantrag, Tenor und tragenden Gründen des Verwaltungsgerichtsurteils, Berufungseinlegung, Berufungsanträgen und Berufungsbegründung, Anträgen des Berufungsgegners, Berufungserwiderung und Ergebnis einer Beweisaufnahme.

Entscheidungsgründe:

Zulässigkeit der Berufung, § 124 VwGO,
Begründetheit der Berufung, und zwar:
Zulässigkeit der Klage und
Begründetheit der Klage,
Kosten beider Rechtszüge, § 154 Abs. 1 oder 2 VwGO, außergerichtliche Kosten des Beigeladenen zu 2, § 162 Abs. 3 VwGO
vorläufige Vollstreckbarkeit, § 167 VwGO i. V. mit §§ 708 ff. ZPO,
Zulassung der Revision, § 132 Abs. 2 VwGO.

Rechtsmittelbelehrung:[7]

Nach § 139 VwGO kann die Revision innerhalb eines Monats nach Zustellung dieser Entscheidung beim Bayerischen Verwaltungsgerichtshof in München (in München: Hausanschrift Ludwigstr. 23, 80539 München; Postfachanschrift: Postfach 34 01 48, 80098 München; in Ansbach: Montgelasplatz 1, 91522 Ansbach), schriftlich eingelegt werden. Die Revisionsfrist ist auch gewahrt, wenn die Revision innerhalb der Frist bei dem Bundesverwaltungsgericht eingelegt wird.[9] Die Revision muss die angefochtene Entscheidung bezeichnen. Sie ist innerhalb von zwei Monaten nach Zustellung dieser Entscheidung zu begründen. Die Begründung ist beim Bundesverwaltungsgericht, Simsonplatz 1, 04107 Leipzig (Postfachanschschrift: Postfach 10 08 54, 04008 Leipzig), einzureichen. Die Revisionsbegründung muss einen bestimmten Antrag enthalten, die verletzte Rechtsnorm und, soweit Verfahrensmängel gerügt werden, die Tatsachen angeben, die den Mangel ergeben.

Vor dem Bundesverwaltungsgericht muss sich jeder Beteiligte durch einen Rechtsanwalt oder einen Rechtslehrer an einer deutschen Hochschule im Sinne des Hochschulrahmengesetzes mit Befähigung zum

Richteramt als Bevollmächtigten vertreten lassen. Das gilt auch für die Einlegung der Revision. Abweichend davon können sich juristische Personen des öffentlichen Rechts und Behörden auch durch Beamte oder Angestellte mit Befähigung zum Richteramt sowie Diplomjuristen im höheren Dienst, Gebietskörperschaften auch durch Beamte oder Angestellte mit Befähigung zum Richteramt der zuständigen Aufsichtsbehörde oder des jeweiligen kommunalen Spitzenverbandes des Landes, dem sie als Mitglied zugehören, vertreten lassen.

Ehlert *Grimmer* *Zeller*
(Dr. Ehlert) (Grimmer) (Dr. Zeller)

Beschluss:[8]

Der Streitwert für das Berufungsverfahren wird auf 2000 € festgesetzt.

Ehlert *Grimmer* *Zeller*
(Dr. Ehlert) (Grimmer) (Dr. Zeller)

Anmerkungen

1. Unter den Voraussetzungen des § 130a VwGO kann die Berufung auch durch Beschluss zurückgewiesen werden.

2. Zur Besetzung des Senats vgl. § 9 Abs. 3 VwGO i.V. mit den landesrechtlichen Ausführungsgesetzen.

3. Schriftliches Verfahren ist nur möglich, wenn beide Parteien damit einverstanden sind (§ 101 Abs. 2 VwGO).

4. Weitere Beispiele für die Fassung des Tenors:
   I. Das Urteil des Verwaltungsgerichts München vom 11. Oktober 2005 wird abgeändert und erhält in Nummer 1. und 2. folgende Fassung:
      1. Der Bescheid des Landratsamts Pfaffenhofen a.d. Ilm vom 26. April 2005 und der Widerspruchsbescheid der Regierung von Oberbayern vom 14. Juni 2005 werden insoweit aufgehoben, als dem Kläger für den Fall nicht rechtzeitiger Beseitigung der Einfriedung ein Zwangsgeld von 1000 €, für den Fall nicht rechtzeitiger Beseitigung des Behelfsheims ein Zwangsgeld von 5000 € angedroht wurde. Im Übrigen wird die Klage abgewiesen.
      2. Von den Kosten des Verfahrens hat der Kläger drei Viertel, der Beklagte ein Viertel zu tragen.
   II. Im Übrigen wird die Berufung zurückgewiesen.
   III. Von den Kosten des Berufungsverfahrens hat der Kläger drei Viertel, der Beklagte ein Viertel zu tragen.
   IV. Die Kostenentscheidung ist vorläufig vollstreckbar. Der Beklagte darf die Vollstreckung von Seiten des Klägers durch Sicherheitsleistung in Höhe des zu vollstreckenden Betrages abwenden, wenn nicht zuvor der Kläger Sicherheit in gleicher Höhe leistet.
   V. Die Revision wird nicht zugelassen.

oder
  I. Die Berufung wird verworfen.
  II. Der Kläger hat die Kosten des Berufungsverfahrens einschließlich der außergerichtlichen Kosten des Beigeladenen ... zu tragen.
  III. Die Revision wird nicht zugelassen.
oder
  I. Das Urteil des Verwaltungsgerichts ... wird aufgehoben.
  II. Der Bescheid der ... und der Widerspruchsbescheid der ... werden aufgehoben.
  III. Die Beklagte hat die Kosten des Verfahrens in beiden Rechtszügen zu tragen.
  IV. Die Revision wird zugelassen.
oder
  I. Das Urteil des Verwaltungsgerichts ... wird aufgehoben.
  II. Die Sache wird zur erneuten Verhandlung und Entscheidung an das Verwaltungsgericht ... zurückverwiesen.
  III. Die Entscheidung über die Kosten bleibt der Endentscheidung vorbehalten.
  IV. Die Revision wird zugelassen.

5. Zur Frage des Vollstreckungsschutzes vgl. § 167 Abs. 1 Satz 1 und Abs. 2 VwGO i. V. mit § 709 Satz 2 ZPO.

6. Zur Abfassung des Tatbestandes vgl. § 125 Abs. 1 VwGO und Anm. 8 zu Nr. 54.

7. Rechtsmittelbelehrung, wenn die Revision gegen das Urteil nicht zugelassen wurde:

Rechtsmittelbelehrung

Nach § 133 VwGO kann die Nichtzulassung der Revision durch Beschwerde zum Bundesverwaltungsgericht in Leipzig angefochten werden. Die Beschwerde ist beim Bayerischen Verwaltungsgerichtshof in München (in München: Hausanschrift Ludwigstr. 2380539 München; Postanschrift 34 01 48, 80098 München; in Ansbach: Montgelasplatz 1, 91522 Ansbach), innerhalb eines Monats nach Zustellung dieser Entscheidung schriftlich einzulegen und innerhalb von zwei Monaten nach Zustellung dieser Entscheidung zu begründen. Die Beschwerde muss die angefochtene Entscheidung bezeichnen. In der Beschwerdebegründung muss die grundsätzliche Bedeutung der Rechtssache dargelegt oder die Entscheidung des Bundesverwaltungsgerichts oder des Gemeinsamen Senats der obersten Gerichtshöfe des Bundes oder des Bundesverfassungsgerichts, von der die Entscheidung des Bayerischen Verwaltungsgerichtshofs abweicht, oder der Verfahrensmangel bezeichnet werden.
Vor dem Bundesverwaltungsgericht muss sich jeder Beteiligte durch einen Rechtsanwalt oder einen Rechtslehrer an einer deutschen Hochschule im Sinne des Hochschulrahmengesetzes mit Befähigung zum Richteramt als Bevollmächtigten vertreten lassen. Das gilt auch für die Einlegung der Beschwerde gegen die Nichtzulassung der Revision. Abweichend davon können sich juristische Personen des öffentlichen Rechts und Behörden auch durch Beamte oder Angestellte mit Befähigung zum Richteramt sowie Diplomjuristen im höheren Dienst, Gebietskörperschaften auch durch Beamte und Angestellte mit Befähigung zum Richteramt sowie Diplomjuristen im höheren Dienst, Gebietskörperschaften auch durch Beamte oder Angestellte mit Befähigung

zum Richteramt der zuständigen Aufsichtsbehörde oder des jeweiligen kommunalen Spitzenverbandes des Landes, dem sie als Mitglied zugehören, vertreten lassen.
8. Zur Streitwertfestsetzung vgl. §§ 47, 63 GKG.
9. Vgl. § 139 Abs. 1 Satz 2 VwGO.

D. STEUERRECHT

Nr. 60. Einspruchsentscheidung des Finanzamts

Finanzamt München III   München, 12. Januar 2005
St. Nr. 335/14356

Herrn Steuerberater
Dr. Anton Meier
Heßstr. 5
80799 München

Einspruchsentscheidung[1]

Über den Einspruch vom 3. 12. 2004
des Herrn Berthold Kohlndorfer, Kaufmann, Prinzregentenstr. 41, 80538 München,
vertreten durch Steuerberater Dr. Anton Meier, Heßstr. 45, 80799 München
gegen den Einkommensteuerbescheid 2003 vom 12. 11. 2004
entscheidet das Finanzamt:

In Abänderung des Bescheids vom 12. 11. 2004 wird die Einkommensteuer 2003 auf 12.476,- € herabgesetzt.
Im übrigen wird der Einspruch als unbegründet zurückgewiesen.[2]

Gründe:

I.

Sachdarstellung mit dem Antrag des Einspruchsführers.

II.

Rechtliche Würdigung (und ggf. Neuberechnung der festgesetzten Steuer).

Rechtsbehelfsbelehrung

Gegen diese Entscheidung kann Klage erhoben werden. Die Klage ist bei dem Finanzgericht München, 81630 München, schriftlich einzureichen oder zur Niederschrift des Urkundsbeamten der Geschäftsstelle beim Finanzgericht München in München, Ismaninger Str. 95, zu erklären. Ebenso kann die Klage bei den Außensenaten des Finanzgerichts München in Augsburg, Frohsinnstr. 21, 86150 Augsburg, schriftlich eingereicht oder zur Niederschrift des Urkundsbeamten der Geschäftsstelle der Außensenate erklärt werden.

Nr. 60

Die Klage ist gegen das Finanzamt München III zu richten. Die Frist für die Erhebung der Klage beträgt einen Monat. Sie beginnt mit Ablauf des Tages, an dem Ihnen diese Einspruchsentscheidung bekannt gegeben worden ist. Bei Zusendung durch einfachen Brief oder Zustellung durch eingeschriebenen Brief gilt die Bekanntgabe mit dem dritten Tage nach Aufgabe zur Post als bewirkt, es sei denn, dass diese Einspruchsentscheidung zu einem späteren Zeitpunkt zugegangen ist. Bei Zustellung mit Zustellungsurkunde oder gegen Empfangsbekenntnis ist Tag der Bekanntgabe der Tag der Zustellung; im Falle der Ersatzzustellung durch Niederlegung ist bereits der Tag der Abgabe der schriftlichen Mitteilung über die Niederlegung der Tag der Zustellung. Die Frist für die Erhebung der Klage gilt als gewahrt, wenn die Klage bei dem Finanzamt München III innerhalb der Frist angebracht oder zur Niederschrift gegeben wird.
Die Klage muss den Kläger, den Beklagten, den Gegenstand des Klagebegehrens, den angefochtenen Verwaltungsakt und die Einspruchsentscheidung bezeichnen. Sie soll einen bestimmten Antrag enthalten und die zur Begründung dienenden Tatsachen und Beweismittel angeben. Die Klageschrift soll in zweifacher Ausfertigung eingereicht werden. Ihr sollen die Urschrift oder eine Abschrift des angefochtenen Verwaltungsakts und der Einspruchsentscheidung beigefügt werden. (*Bis hierher Standardfassung*)

Betrifft diese Einspruchsentscheidung eine **einheitliche und gesonderte Feststellung** von Besteuerungsgrundlagen, sind folgende Personen zur Klageerhebung berechtigt:[3]
- Grundsätzlich:
  Nur die zur Vertretung berufenen Geschäftsführer oder, wenn solche nicht vorhanden sind, der Empfangsbevollmächtigte im Sinne des § 183 AO bzw. des § 6 der V zu § 180 Abs. 2 AO;
- wenn weder ein zur Vertretung berufener Geschäftsführer noch ein Empfangsbevollmächtigter im Sinne des § 183 AO bzw. der § 6 der V zu § 180 Abs. 2 AO vorhanden ist: Jeder Gesellschafter, Gemeinschafter oder Mitberechtigte, gegen den der Feststellungsbescheid ergangen ist;
- wenn kein zur Vertretung berufener Geschäftsführer, aber ein Empfangsbevollmächtigter im Sinne des § 183 AO bzw. des § 6 der V zu § 180 Abs. 2 AO vorhanden ist: Der Empfangsbevollmächtigte und, falls der Empfangsbevollmächtigte von Gesetzes wegen fingiert oder von der Finanzbehörde bestimmt wurde, jeder Feststellungsbeteiligte, der für seine Person der Klagebefugnis des Empfangsbevollmächtigten gegenüber dem Finanzamt widersprochen hat;
- soweit es sich darum handelt, wer an dem festgestellten Betrag beteiligt ist und wie dieser sich auf die einzelnen Beteiligten verteilt: Jeder, der durch die Feststellungen hierzu berührt wird;

– soweit es sich um eine Frage handelt, die einen Beteiligten persönlich angeht (z. B. Sondervergütungen, persönliche Betriebsausgaben oder Wirtschaftsgüter im Eigentum eines Gesellschafters):
Jeder, der durch die Feststellungen über die Frage berührt wird;
– ausgeschiedene Gesellschafter, Gemeinschafter oder Mitberechtigte, gegen die der Feststellungsbescheid ergangen ist oder zu ergehen hätte.

Betrifft die Einspruchsentscheidung eine **Ablehnung der Aussetzung der Vollziehung**, kann beim Finanzgericht München keine Klage, sondern nur ein Antrag auf gerichtliche Vollziehungsaussetzung gestellt werden (§ 361 Abs. 4 AO, § 69 Abs. 7 FGO). Ist die Streitsache, für die Aussetzung der Vollziehung begehrt wird, in der Hauptsache bereits beim Bundesfinanzhof anhängig, dann ist der Antrag auf gerichtliche Vollziehungsaussetzung beim Bundesfinanzhof, Ismaninger Straße 109, 81629 München zu stellen.

Ernst
(Ernst)
Oberregierungsrat

Anmerkungen

1. Wird dem Einspruch vollinhaltlich entsprochen, erfolgt in der Regel nur eine Berichtigungsveranlagung nach § 172 Abs. 1 Nr. 2a, § 367 Abs. 2 S. 3 AO mit dem Hinweis „Hierdurch erledigt sich Ihr Rechtsbehelf/Antrag vom …".
2. Nach der AO 1977 werden im außergerichtlichen Rechtsbehelfsverfahren keine Kosten mehr erhoben (beachte aber § 139 Abs. 1 FGO).
3. Vgl. § 48 FGO.

Nr. 61

Nr. 61. Finanzgerichtsurteil

Finanzgericht München
1 K 246/04

Im Namen des Volkes

Urteil

In der Streitsache

Max Maier, Neuhauser Straße 49, 80331 München,

– Kläger –

Prozessbevollmächtigter: Wirtschaftsprüfer Dr. Arthur Koch, Hohenzollernstr. 1, 80801 München

gegen

Finanzamt München III   – Beklagter –
vertreten durch den Vorsteher
St. Nr. 346/16824

beigeladen:[1] Anton Huber, Gerstäckerstraße 39, 81827 München,
Prozessbevollmächtigter: Rechtsanwalt Dr. Karl Otten, Karlsplatz 6, 80335 München

wegen einheitlicher und gesonderter Gewinnfeststellung 2002

der Fa. Maier und Huber KG

hat das Finanzgericht München, 1. Senat, unter Mitwirkung des Vorsitzenden Richters am Finanzgericht Dr. Angermüller, der Richter am Finanzgericht Stoiber und Dr. Süß sowie der ehrenamtlichen Richter Harringer und Bühler auf Grund der mündlichen Verhandlung vom 10. Januar 2005[2] für Recht erkannt:[3]

1. Die Klage wird abgewiesen.[4]
2. Der Kläger trägt die Kosten des Verfahrens.[5, 6]
3. Die Revision wird nicht zugelassen.

Gründe:

Streitig ist ... *(folgt abstrakte Rechtsfrage, möglichst in einem Satz)*

I.

Gedrängte Darstellung des Sach- und Streitstandes.[7] *Im Einzelnen: der wesentliche, entscheidungserhebliche Sachverhalt (einschließlich des vorangegangenen Verwaltungsverfahrens) auf der Grundlage des Akteninhalts (soweit Gegenstand der mündlichen Verhandlung) und des Vorbringens in der mündlichen Verhandlung sowie die dem Urteil vorausgehenden Entscheidungen des Gerichts (z. B. Beweisbeschlüsse). Auf Schriftsätze, Protokolle und andere Unterlagen soll verwiesen werden, soweit sich aus ihnen der Sach- und Streitstand ergibt. Die gestellten Anträge sind hervorzuheben.*

II.

Zulässigkeit der Klage (Ausführungen nur, soweit Zweifel bestehen) Begründetheit der Klage (ggf. Feststellungen zum Sachverhalt, evtl. Beweiswürdigung; rechtliche Ausführungen) Kostenentscheidung, §§ 135ff. FGO,[8]

Rechtsmittelbelehrung

Die Nichtzulassung der Revision in diesem Urteil kann durch Beschwerde angefochten werden.

Die Beschwerde ist innerhalb eines Monats nach Zustellung des vollständigen Urteils bei dem Bundesfinanzhof einzulegen. Sie muss das angefochtene Urteil bezeichnen. Der Beschwerdeschrift soll eine Abschrift oder Ausfertigung des angefochtenen Urteils beigefügt werden. Die Beschwerde ist innerhalb von zwei Monaten nach Zustellung des vollständigen Urteils zu begründen. Auch die Begründung ist bei dem Bundesfinanzhof einzureichen.

Bei der Einlegung und Begründung der Beschwerde muss sich jeder Beteiligte durch einen Steuerberater, einen Steuerbevollmächtigten, einen Rechtsanwalt, einen niedergelassenen europäischen Rechtsanwalt, einen Wirtschaftsprüfer oder einen vereidigten Buchprüfer als Bevollmächtigten vertreten lassen. Zur Vertretung berechtigt sind auch Steuerberatungsgesellschaften, Rechtsanwaltsgesellschaften, Wirtschaftsprüfungsgesellschaften und Buchprüfungsgesellschaften sowie Partnerschaftsgesellschaften, die durch einen der in dem vorigen Satz aufgeführten Berufsangehörigen tätig werden. Juristische Personen des öffentlichen Rechts und Behörden können sich auch durch Beamte oder Angestellte mit Befähigung zum Richteramt sowie durch Diplomjuristen im höheren Dienst vertreten lassen.

Der Bundesfinanzhof hat die Postanschrift: Postfach 860240, 81629 München, und die Hausanschrift: Ismaninger Str. 109, 81675 München, sowie den Telefax-Anschluss: 089/9231-201.

Nr. 61

Lässt der Bundesfinanzhof aufgrund der Beschwerde die Revision zu, so wird das Verfahren als Revisionsverfahren fortgesetzt. Der Einlegung einer Revision durch den Beschwerdeführer bedarf es nicht. Innerhalb eines Monats nach Zustellung des Beschlusses des Bundesfinanzhofs über die Zulassung der Revision ist jedoch bei dem Bundesfinanzhof eine Begründung der Revision einzureichen. Die Beteiligten müssen sich auch im Revisionsverfahren nach Maßgabe des dritten Absatzes dieser Belehrung vertreten lassen.

Angermüller   *Stoiber*   *Süß*
(Dr. Angermüller)   (Stoiber)   (Dr. Süß)

Anmerkungen

1. Über Beiladungen zum Verfahren vgl. § 60 FGO.
2. Das Gericht kann gemäß § 90 Abs. 2 FGO ohne mündliche Verhandlung entscheiden, wenn die Beteiligten einverstanden sind.
3. Bei einem Gerichtsbescheid nach § 90a FGO folgt am Ende der Entscheidungsgründe anstelle der Rechtsmittelbelehrung für das Urteil folgende:

Rechtsmittelbelehrung

Gegen diesen Gerichtsbescheid können die Beteiligten mündliche Verhandlung beantragen. Wird der Antrag auf mündliche Verhandlung rechtzeitig gestellt, so gilt der Gerichtsbescheid als nicht ergangen. Die Beteiligten können gegen den Gerichtsbescheid auch Revision einlegen. Wird neben dem Antrag auf mündliche Verhandlung Revision eingelegt, so findet mündliche Verhandlung statt.
Im Einzelnen gilt Folgendes:
1. Der Antrag auf mündliche Verhandlung ist beim Finanzgericht innerhalb eines Monats nach Zustellung des vollständigen Gerichtsbescheides schriftlich oder zur Niederschrift des Urkundsbeamten der Geschäftsstelle zu stellen.
   Das Finanzgericht hat die Postanschrift: Finanzgericht München, Postfach 86 03 60, 81630 München, die Hausanschrift: Ismaninger Str. 95, 81675 München, und den Telefax-Anschluss: 089/92989-300, oder Außensenate Augsburg, Postanschrift: Postfach 10 16 61, 86006 Augsburg, Hausanschrift: Frohsinnstr. 21, 86150 Augsburg, Telefax-Anschluss: 0821/34627-100.
2. Die Revision ist bei dem Bundesfinanzhof innerhalb eines Monats nach Zustellung des vollständigen Gerichtsbescheides schriftlich einzulegen. Die Revisionsschrift muss den angefochtenen Gerichtsbescheid bezeichnen. Ihr soll eine Abschrift oder Ausfertigung des angefochtenen Gerichtsbescheids beigefügt werden. Die Revision ist innerhalb von zwei Monaten nach Zustellung des vollständigen Gerichtsbescheides zu begründen. Auch die Begründung ist bei dem Bundesfinanzhof einzureichen.
   Bei der Einlegung und Begründung der Revision sowie in dem weiteren Verfahren vor dem Bundesfinanzhof muss sich jeder Beteiligte durch einen Steuerberater, einen Steuerbevollmächtigten, einen Rechtsanwalt, einen niedergelassenen europäischen Rechtsanwalt, einen Wirtschaftsprüfer oder einen vereidigten Buchprüfer als Bevollmächtigten vertreten lassen. Zur Vertretung berechtigt sind auch Steuerberatungsgesellschaften, Rechtsanwaltsgesell-

schaften, Wirtschaftsprüfungsgesellschaften und Buchprüfungsgesellschaften sowie Partnerschaftsgesellschaften, die durch einen in dem vorherigen Satz aufgeführten Berufsangehörigen tätig werden. Juristische Personen des öffentlichen Rechts und Behörden können sich auch durch Beamte oder Angestellte mit Befähigung zum Richteramt sowie durch Diplomjuristen im höheren Dienst vertreten lassen.

Der Bundesfinanzhof hat die Postanschrift: Postfach 860240, 81629 München, und die Hausanschrift: Ismaninger Str. 109, 81675 München, sowie den Telefax-Anschluss: 089/9231-201.

4. Hat die Klage teilweise Erfolg, lautet der Tenor z. B.:
   I. In Abänderung des Steuerbescheids vom 5. 11. 2004 und der Einspruchsentscheidung vom 25. 1. 2005 wird die Einkommensteuer 2003 auf 6728,- € festgesetzt.
   Im Übrigen wird die Klage abgewiesen.
   II. Der Kläger trägt ⅕, der Beklagte ⅘ der Kosten des Verfahrens.
   III. Die Revision wird zugelassen.
   IV. Das Urteil ist hinsichtlich der Kosten vorläufig vollstreckbar. Der Beklagte kann die Vollstreckung durch Sicherheitsleistung in Höhe von ... Euro abwenden, wenn nicht der Kläger vor der Vollstreckung Sicherheit in gleicher Höhe leistet.[6]

5. Der Streitwert wird im finanzgerichtlichen Verfahren in der Regel nicht gesondert festgesetzt. Zu einer Festsetzung durch Beschluss kommt es nur, wenn ein Beteiligter oder die Staatskasse dies beantragt oder das Gericht es für angemessen erachtet (§ 63 Abs. 2 Satz 2 GKG).

6. Zur vorläufigen Vollstreckbarkeit vgl. §§ 151 Abs. 1 und 3, 155 FGO, § 708 Nr. 11, §§ 711 oder 709 ZPO.

7. Zum Inhalt des Tatbestands vgl. § 105 Abs. 3 FGO; s. auch Anm. 8 zu Nr. 54.

8. Meist genügt eine kurze Begründung, z. B. „Die Kostenentscheidung folgt aus § 135 Abs. 1 FGO".

Sachverzeichnis

Die **fett** gedruckten Zahlen bezeichnen die **Nummer** (nicht die Seite) der einzelnen Muster; die übrigen Zahlen und Buchstaben verweisen auf die Anmerkungen.

Abänderungsurteil **12** 3 H
Abwendungsbefugnis im Zivilurteil
  12 2 C a
Anklageschrift **33**
Antragsschrift im familiengerichtlichen Verfahren **10**
Arbeitsgerichtsurteil **20**
Arrestbefehl **4**
Arrest
– dinglicher **3**, 4
– persönlicher **3** 4, **4** 5
Arrestgesuch **3**
Aufschiebende Wirkung
– Wiederherstellung durch Verwaltungsgericht **50**
Aussetzung der Vollziehung **46**

Berufungsbegründungsschrift im Zivilprozess **16**
Berufungseinlegungsschrift
– im Strafprozess **36**
– im Zivilprozess **15**
Berufungsurteil
– im Strafprozess **41**
– im Verwaltungsgerichtsprozess **55**
– im Zivilprozess **17**
Bescheid einer Kreisverwaltungsbehörde **45**
Beschlagnahmebeschluss **28**
Beschränkung der Strafverfolgung **32** 1
Beschwerdeentscheidung
– im Verwaltungsgerichtsprozess **58**
– in der freiwilligen Gerichtsbarkeit: allgemein **26**
– Erbscheinssachen **27**
Beweisbeschluss **11**
Bußgeldbescheid **47**

Durchsuchungsbeschluss **28**

Ehescheidung – Antragsschrift **10**
– einverständliche **10** 12
– Urteil **12** 3 J

Einspruch gegen Versäumnisurteil
  12 3 D c
Einspruchsentscheidung des Finanzamts **60**
Einstellungsbeschluss im Verwaltungsgerichtsprozess **49**
Einstellungsverfügung der Staatsanwaltschaft **32**
Einstweilige Anordnung
– im Ehescheidungsverfahren **10** 10
– im Verwaltungsgerichtsprozess **51**, **56**
Einstweilige Verfügung
– Antrag **1**
– Beschluss **2**
Endurteil **12** 2
Erbschein **22**
Erbscheinsablehnung **23**
Ermittlungsverfahren
– Einstellung **32**, **33**
Eröffnungsbeschluss **37**

Finanzgerichtsurteil **61**
Folgesachen im Scheidungsverfahren **10**

Gerichtsbescheid **53**
Gesamtstrafe **39**
Grundurteil **12** 3 F

Haftbefehl **30**
– Außervollzugsetzung **31**
Haftbefehlsantrag **29**
Hauptsacheerledigung im Verwaltungsgerichtsprozess **49**

Klageerwiderung **8**
Klageerzwingungsantrag **34**
Klagenhäufung **12** 2 B
Klageschrift **7**
Kostenpauschale **3** 3, **4** 6

Nebenintervention **12** 1, **12** 2 B f
Nichteröffnungs-Beschluss **37**
Nichtzulassungsbeschwerde im Zivilprozess **18**

155

Sachverzeichnis

Pfändungs- und Überweisungsbeschluss 6
Plädoyer des Staatsanwalts 38
Prozesskostenhilfe
– im Verwaltungsprozess 52
– im Zivilprozess 5
Prozessvergleich 14
– durch Beschluss 14 6

Ratenzahlungsvergleich 14 5
Revisionsbegründung
– im Strafprozess 42
– im Zivilprozess 19
Revisionseinlegung
– im Strafprozess 40
– im Zivilprozess 19
Rügeschrift nach § 321 a ZPO 13
Ruhen des Verfahrens im Verwaltungsgerichtsprozess 57

Sicherheitsleistung im Zivilurteil 12 2 C b
Sorgerecht 10
Strafbefehl 35
Strafurteil
– 1. Instanz 39
– Berufungsinstanz 41
– Revision 42 1
Streitgenossenschaft 12 2 B d, 12 1
Streithelfer 12 1, 12 2 B f
Streitverkündungsschrift 9
Stufenklage 10 3

Teileinstellung des Ermittlungsverfahrens 33

Urteil
– im Arbeitsgerichtsprozess 20
– im Finanzgerichtsprozess 61
– im Strafprozess:
  1. Instanz 39
  Berufungsinstanz 41

– im Verwaltungsgerichtsprozess:
  1. Instanz 54
  Berufungsinstanz 59
– im Zivilprozess:
  1. Instanz 12
  Berufungsinstanz 17
Urteilsformeln
– im Arbeitsgerichtsprozess 20 3
– im Finanzgerichtsprozess 61 4
– im Strafprozess:
  1. Instanz 39 2
  Berufungsinstanz 41 1
  Revision 42 1
– im Verwaltungsgerichtsprozess:
  1. Instanz 54 5
  Berufungsinstanz 59 4
– im Zivilprozess:
  1. Instanz 12 2, 12 3
  Berufungsinstanz 17 1

Versäumnisurteil 12 3 D
Versorgungsausgleich 10 8
Verzichtsurteil 12 3 C
Vorbehaltsurteil 12 3 E
Vorbescheid im Erbscheinsverfahren 24
Vorläufige Vollstreckbarkeit 12 2 C
Vormundschaftsgerichtlicher Beschluss 21

Weisungen an Sachverständigen 11 5
Widerklage 12 3 A
Widerspruchsbescheid 48
Wiederaufnahme 44
Wiederaufnahmeantrag 43
Wiedereinsetzung 12 1 B e

Zulassung der Berufung 15 3
– imVerwaltungsgerichtsprozess 55
Zustellung eines Pfändungs- und Überweisungsbeschlusses 6 1
Zwischenurteil 12 3 G
Zwischenverfügung 25